Atividades para o ensino da Língua Portuguesa

Dados Internacionais de Catalogação na Publicação (CIP)
(Câmara Brasileira do Livro, SP, Brasil)

Atividades para o ensino da Língua Portuguesa :
do local ao universal / Ana Maria Iorio Dias,
(org.). – Petrópolis, RJ : Vozes, 2013.

Vários autores

Bibliografia

ISBN 978-85-326-4552-4

1. Português 2. Português – Estudo e ensino
I. Dias, Ana Maria Iorio.

02997   CDD-469.07

Índices para catálogo sistemático:
1. Português : Estudo e ensino   469.07

Ana Maria Iorio Dias (org.)
Fabiana Andrade de Oliveira
Francisca Rosangela Alves de Souza
Gabriela Lopes de Sousa
Jozie Mikaelle Santos Freitas
Maria Leidiane Moraes Costa
Samara Gomes Ramos

Atividades para o ensino da Língua Portuguesa

do local ao universal

Petrópolis

© 2013, Editora Vozes Ltda.
Rua Frei Luís, 100
25689-900 Petrópolis, RJ
Internet: http://www.vozes.com.br
Brasil

Todos os direitos reservados. Nenhuma parte desta obra poderá ser reproduzida ou transmitida por qualquer forma e/ou quaisquer meios (eletrônico ou mecânico, incluindo fotocópia e gravação) ou arquivada em qualquer sistema ou banco de dados sem permissão escrita da editora.

Diretor editorial
Frei Antônio Moser

Editores
Aline dos Santos Carneiro
José Maria da Silva
Lídio Peretti
Marilac Loraine Oleniki

Secretário executivo
João Batista Kreuch

Editoração: Rachel Fernandes
Projeto gráfico: Sheilandre Desenv. Gráfico
Capa: Felipe Souza | Aspectos
Ilustrações: Carlos Alberto Alexandre Dantas

ISBN 978-85-326-4552-4

· Editado conforme o novo acordo ortográfico.

Este livro foi composto e impresso pela Editora Vozes Ltda.

Sumário

Apresentação, 7

Capítulo 1 À imagem e semelhança das histórias de Trancoso... – Aprendendo mais com a nossa cultura, 13

Capítulo 2 Atividades propostas – Pelas trilhas da Língua Portuguesa, 57

> Nível 1, 59
>
> Nível 2, 79
>
> Nível 3, 99
>
> Nível 4, 127
>
> Nível 5, 147

Sobre as autoras, 185

Índice, 189

Apresentação

Em Língua Portuguesa é preciso trabalhar a oralidade, a leitura e a escrita, articuladas com a realidade dos alunos, de forma que eles compreendam e se façam compreender no que querem dizer (oralmente ou por escrito) e interpretem o que leem.

Para isso, procuramos estimular e socializar a nossa cultura, os nossos valores, o nosso folclore e os dialetos que usamos para caracterizar o "cearês" – compreendendo a nossa realidade, vamos em busca da aprendizagem de outras culturas, linguagens, realidades. Fica mais fácil entender os conteúdos ditos "universais" quando se conhece o regional, o local.

Assim, no primeiro capítulo, apresentamos exemplos de histórias que costumavam ser contadas à noite, para um grupo de pessoas, sentadas em calçadas, observando as estrelas e o luar. Era uma época em que valia muito o conversar pessoalmente, e essas histórias eram transmitidas a outras gerações oralmente.

Hoje esse costume se perdeu e, se não tivermos o devido cuidado com o registro, essas histórias também se perderão em nossas memórias... Nós agradecemos ao Sr. Tadeu de Souza, um dos antigos moradores de uma dessas regiões, que nos brindou com essa seleção de causos, e à Danielle Girão, que pacientemente escutou e gentilmente contribuiu na construção de um dos contos mais intrigantes: A missa. Cabe agora, a cada educador(a) a tarefa de recriá-las com carinho e, com sua sabedoria e seu fazer pedagógico, dar um destino ao coração de seus alunos.

No segundo capítulo desta obra abordaremos uma série de atividades, por nós elaboradas, com base em leituras, observações em escolas (acerca da oralidade, leitura e escrita), pesquisas e aprendizagens desenvolvidas.

Por isso este livro também contém sugestões de atividades de oralidade, leitura e escrita (no segundo capítulo), divididas em níveis, em gradação de dificuldades, mas que podem (e devem) ser adaptadas pelos docentes que lecionam do 1º ao 5º anos iniciais do Ensino Fundamental.

Com base nessas sugestões, o(a) professor(a) pode (e deve) criar outras que, certamente, serão muito mais interessantes, porque partirão da realidade e da necessidade de si e de seus alunos.

Dessa relação da teoria com a prática propomos algumas opções metodológicas que, acreditamos, possam auxiliar o trabalho docente no desenvolvimento do seu cotidiano pedagógico, para que a sua atuação não se reduza às sugestões dos livros didáticos nem fiquem à espera de alguém que lhe indique caminhos a seguir na escola, pois acreditamos na autonomia do docente e na sua capacidade de criar estratégias metodológicas para uma aprendizagem mais significativa. É interessante que, com base nessas atividades, cada professor(a) possa criar outras, que sejam interessantes, prazerosas, criativas...

Consideramos que toda a escola, bem como a atuação docente, deve contribuir para a formação de cada aluno(a) como cidadão crítico-reflexivo, capaz de enfrentar situações dinâmicas e realizar transformações na sociedade, com responsabilidade, ética e criatividade. Assim, entendemos que a participação efetiva do coletivo de alunos na elaboração, no desenvolvimento e na avaliação de atividades didático-pedagógicas contribui para o exercício de uma parcela importante do que chamamos de cidadania, que é a consciência de direitos e deveres que devemos ter no exercício democrático do viver em sociedade.

Por isso, não podemos nos limitar a atividades rotineiras, que apenas exijam a memorização dos alunos. Ao planejar um conteúdo ou uma atividade, pode-se perfeitamente identificar passos, estratégias e ações que levem os alunos a relacionarem os conteúdos entre si, resolverem situações-problema, compreenderem e transformarem o seu entorno com competência, autoconfiança, autoestima e autonomia. Assim os conteúdos e atividades passam a ser utilizados como verdadeiras estratégias, que contribuem efetivamente para a formação cidadã, como instrumento para o desenvolvimento, a socialização e o exercício da cidadania democrática, promovendo a formação de habilidades cognitivas e intelectuais dos alunos.

Para tanto, pode-se utilizar vários tipos de recursos e metodologias: recursos audiovisuais, textos reflexivos, jogos didáticos, sair do espaço restrito da sala de aula (ampliar também esse conceito de sala de aula) promovendo uma pesquisa de campo e outras estratégias, seja para facilitar a relação do aluno com o conhecimento, seja para promover a interação do estudante com sua realidade.

E, nesse contexto, o processo avaliativo emerge como um importante instrumento para a prática docente. A avaliação, realizada continuamente, deve ser compreendida como um instrumento que é, ao mesmo tempo, auxiliar e indispensável nos processos de ensino e de aprendizagem, e que contribua para a compreensão do nível de aprendizagem dos alunos.

Acreditamos que a razão maior para apresentação dessas reflexões e dessas atividades representem o desejo de tornar o processo de ensino mais consistente na teoria e na prática, mais consolidado e dinâmico para o(a) professor(a), e mais prazeroso, atraente e significativo para o estudante, proporcionando uma aprendizagem para além da simples decodificação e memorização, com o objetivo de incentivar o desenvolvimento pleno da oralidade, da leitura e da escrita em todas as áreas do conhecimento, em busca do desenvolvimento pleno do cidadão e da conquista de sua autonomia e cidadania.

Nós acreditamos na formação contínua (porque é permanentemente necessária) e continuada (com sistematicidade e continuidade de estudos e pesquisas) e no compromisso político do professor com o planejamento pedagógico, sempre procurando proporcionar o acesso aos conhecimentos e saberes produzidos pela humanidade, sistematizado por atividades interessantes, criativas e motivadoras dos interesses das crianças.

Ana Maria Iorio Dias (org.)
Fabiana Andrade de Oliveira
Francisca Rosangela Alves de Souza
Gabriela Lopes de Sousa
Jozie Mikaelle Santos Freitas
Maria Leidiane Moraes Costa
Samara Gomes Ramos

Capítulo 1

À IMAGEM E SEMELHANÇA DAS HISTÓRIAS DE TRANCOSO...
Aprendendo mais com a nossa cultura

Neste capítulo, você encontrará algumas histórias inventadas, sem muita ligação com a realidade. Era muito comum, nas cidades, as pessoas se reunirem nos alpendres de suas casas para contar histórias fantásticas e mirabolantes, recheadas de suspense e de aventura, em volta de uma roda iniciada por uma pessoa mais velha. Tais histórias ficaram conhecidas como histórias de **Trancoso**[1].

As localidades mencionadas nas narrativas não estão situadas/representadas em mapas, pois elas fazem parte apenas do cotidiano de nativos, e algumas são apenas conhecidas pelos moradores de diversas regiões do Ceará. Essas histórias são antigas e foram passadas de geração em geração – e muitas dessas informações se perderam ou, até mesmo, foram modificadas no decorrer do tempo.

Mas constatamos que alguns municípios são de origens bastante peculiares: General Sampaio, por exemplo, faz limite com os municípios de Apuiarés, Tejuçuoca e Ca-

---

[1] Trancoso significa irreal, lenda, do imaginário popular. Cf. TRANCOSO, G.F. *Contos e histórias de proveito e exemplo*. Lisboa: Imprensa Nacional/Casa da Moeda, 1974 [Texto integral conforme a edição de Lisboa de 1624]. • CASCUDO, L.C. *Mouros, Franceses e Judeus*: três presenças no Brasil. 3. ed. São Paulo: Global, 2001. • CASCUDO, L.C. *Cinco livros do povo*. 2. ed. João Pessoa: Editora Universitária/UFPB, 1979.

nindé, habitados por comunidades indígenas que deram seus nomes a esses locais. A outra localidade, não registrada no mapa, está relacionada ao Município de Bela Cruz, sendo conhecida apenas pelos antigos moradores da cidade. Descobrimos, a partir de pesquisas, que esse município foi cartografado pelos portugueses, em meados do século XVII, pertencente às sesmarias. Daí pode-se imaginar como serão as histórias ou os *causos* aqui narrados.

Essas narrações têm como objetivo entreter e passar ensinamentos de cunho moral; contudo tais histórias possibilitavam a reunião/o encontro de várias gerações, do mais novo representante ao mais velho. Com o passar do tempo esse costume vem se perdendo, colocando em risco o esquecimento dessas histórias, que representam uma parte significativa da cultura popular nordestina.

As histórias, aqui (re)contadas, bem como seus personagens, constituem mera ficção, ou seja, são contos narrados de várias formas, por pessoas diferentes, lembrando que a semelhança com a realidade será apenas mera coincidência. Assim, o objetivo maior do registro dessas histórias é fazer com que se preserve as tradições das histórias orais, contadas em rodas. Ao recontarmos essas histórias estamos preservando um pouco da nossa cultura popular, recuperando a memória e, ao mesmo tempo, incentivando as contações de histórias populares ou *causos* nordestinos.

A forma de trabalhar pedagogicamente com essas narrativas é diversa: pode-se procurar identificar os locais no mapa do Ceará, conhecer a origem e a história desses municípios, verificar se os alunos conhecem histórias/*causos*/ personagens semelhantes e incentivá-los para que façam essa contação; pode-se trabalhar valores e atitudes desencadeados por essas histórias; pode-se fazer uma análise comparativa com outras histórias – fábulas, contos de fadas, contos diversos –procurando semelhanças e diferenças. Enfim, são muitas as possibilidades de se partir de um conteúdo regional para entendermos os conteúdos ditos "universais"...

A botija

Há muitos anos, na Cidade de Canindé, apareceu um forasteiro; ele vinha de um lugar distante. Dizia o homem que teria vindo pagar uma promessa.

De rosto sofrido, magro e cansado, o homem parecia decido. Entrou na venda, pediu água e comida, e alegava fazer parte da promessa que haviam lhe destinado. O dono logo ficou curioso em saber qual seria a promessa e de onde teria vindo aquele homem tão diferente e, sem conseguir sustentar tanta curiosidade, perguntou:

– O senhor, de onde vem?

O homem respondeu de forma branda e otimista:

– Venho do Belém do Pará.

– Vixe, Maria! É longe demais; isso que é acreditar em São Francisco das Chagas.

– É, moço, mas a promessa não é minha.

– E de quem é, então?

– É de gente falecida.

O homem da venda logo "grelou" o olho e pensou: "morto não paga promessa". O rapaz, que estava com muita fome, ficou parado em frente ao balcão, comendo carne-seca com farinha e feijão; estava, o pobre, com tanta fome que nem percebeu o espanto do dono da venda.

O homem, no entanto, continuou perguntando:
– É promessa de quê? É de doença?
– Não, é de gente falecida...
– Assim, não entendo, rapaz... como pode um morto fazer promessa? Conta essa história direito.
– Foi assim: eu sempre fazia o mesmo caminho para a fazenda que eu trabalhava. Toda vez que passava na beira da estrada, de manhã bem cedinho, tinha uma pomba parada embaixo de uma árvore.
– Sim, isso é normal...
– Não naquela região.

– Talvez tivesse um criadouro por perto.

– Não de pombos, porque é bicho danado, ele estraga toda a plantação.

– É mesmo, aquilo quando começar aparecer, já se viu, é um prejuízo só.

– Assim se passaram oito dias: aquele mesmo pombo, naquele mesmo horário, todos os dias.

– E o que aconteceu?

– Aconteceu que no oitavo dia tive um sonho e nesse sonho um homem me pedia ajuda.

– Minha Virgem Maria! Era uma "visagem".

– Era sim. Era um homem me pedindo para vir para uma cidade, chamada General Sampaio, daqui partisse para um lugar chamado Canindé, e vestido de mortalha andasse pedindo água, comida e dormida; essa seria a peregrinação.

– E depois?

– Voltasse para General Sampaio e procurasse um local chamado Riacho do Meio. Chegando lá fosse até uma pequena casa que, dentro de um quarto, estaria enterrada uma botija para que uma pessoa a tirasse de dentro da terra.

– Rapaz! Pois "vá" pagar a promessa do falecido.

E o rapaz foi e fez tudo certo: caminhou, pediu "dormida", comida e água, e voltou para General Sampaio; chegando lá, foi até o Riacho do Meio, pediu para conversar com uma senhora, a dona da casa, e falou os motivos que o levaram até ali. Porém, a mulher não deixou o rapaz entrar e o mandou embora.

O rapaz ficou desconsolado, voltou à venda, em Canindé, conversou com o dono, que se tornou seu amigo, e disse que a sua parte já havia cumprido e que, naquele momento, deveria voltar para a sua terra.

Tempos depois, todos ficaram sabendo que aquela senhora teria posto a casa ao chão, mas não encontrara nada.

O rapaz voltou para casa com a consciência de que tinha feito a sua parte, deixando a alma do homem em paz. Enquanto a senhora, que pensava conseguir a pequena fortuna para ela, terminou sem casa, em virtude da ganância por algo que não era seu, que não tinha sido destinado para ela.

A festa

Era tarde da noite, quando Seu Assis resolveu buscar um dinheiro na casa do seu compadre, José. Arrumou a burra, aprontou tudo e pegou algumas sacolas; despediu-se de sua esposa e saiu. Como José morava a algumas léguas de sua casa, Seu Assis resolveu cortar caminho e, então, decidiu fazer um trajeto mais curto.

E, assim, ele pensou: "É, acho que irei encurtar o caminho; irei pelo Riacho do Meio, assim chegarei mais rápido".

Então, Seu Assis foi; encurtou o caminho e seguiu em direção ao Riacho do Meio. Uma vez atravessando aquele trajeto, logo chegaria à fazenda do Seu José.

Caminhando com calma, e decidido, Seu Assis olha para o lado esquerdo e vê, lá dentro da caatinga, uma casa. Ele percebe uma movimentação na residência; pareciam pessoas dançando ou rezando – a verdade é que o movimento era estranho.

Não se ouvia barulho de nada, nem de pessoas falando, nem de sanfona tocando e o homem, que já era uma pessoa vivida, não acreditava no que via: tanto movimento sem barulho. Depois de tanto olhar, pensou: "E, lá vai, é uma festa ou uma novena?"

Quando o homem deu comando à burra, para ir em direção à casa, o animal não atendeu a ordem. O homem não compreendeu por que o animal não obedecia, então decidiu esquecer a novena ou a festa e prosseguiu viagem.

Ao chegar mais adiante, numa venda, desceu do animal e entrou para comprar uma batida (um doce parecido com rapadura) e, aproveitando a situação, perguntou ao dono da venda:

– O senhor está sabendo de uma novena ou uma festa por essas bandas? É porque eu vinha, há mais ou menos uma légua atrás, e vi umas pessoas numa casa. Elas pareciam dançar ou rezar. O problema é que eu não ouvia nada, nenhum barulho. Ainda por cima, a burra refugou e não quis, de jeito algum, ir até a casa.

– Ah, sei! É possível o senhor não ter ouvido barulho, mas ter visto alguém...?

– Por quê? Vi algumas pessoas andando para lá e para cá...

– Seu Assis, nessa casa, que fica há uma légua daqui, não mora ninguém há dez anos. Todos morreram e os poucos que ficaram ganharam o mundo, pra se livrar da seca.

Seu Assis pegou o doce e prosseguiu viagem – agora ele teria mais um *causo* para contar ao seu compadre José!

A missa

O ano de 1973 era especial para Pedro. Ele acabara de chegar a Fortaleza, e ficou admirado com a cidade, que iniciava os primeiros passos para o progresso; o rapaz não imaginava que iria viver uma história curiosa e misteriosa.

Num sábado, Pedro resolveu ir à casa de sua namorada; aprontou-se, colocou a sua melhor colônia e partiu. Chegando à casa da moça, Pedro perguntou para o patrão dela se ela estava. O patrão respondeu que não, e o rapaz, para não perder a viagem, decidiu ir à missa. E foi...

Tudo estava muito bonito, a igreja era diferente, já que Pedro nunca havia visto uma igreja redonda. E por lá ficou, assistiu à missa e no meio da celebração sentou-se ao seu lado uma moça muito quieta e tímida. O moço não estranhou, era normal para ele. Quando terminou a celebração, eles saíram juntos e começaram a conversar; ficaram na praça "proseando", ela falou de sua vida e disse que morava ali por perto.

Eles começaram a caminhar, e ela disse que tinha uma quermesse lá perto e eles foram. Pedro, muito animado, segurou a mão da moça, beijou-lhe a face e saíram. Ela per-

guntou de onde ele era, qual era o município e se ele tinha família... eram tantas as perguntas, mas Pedro as respondeu sem nenhum problema. O rapaz, então, comentou:

– Estamos nos falando há tanto tempo e você não me disse seu nome.

– O meu nome é Destevão.

– Ah! Agora melhorou! E você mora perto da igreja?

– Sim, moro, há muitos anos; passei toda a minha vida frequentando aquela igreja.

– Entendo. Cheguei há pouco tempo em Fortaleza, vim pra trabalhar como mecânico, eu estou até fazendo um curso.

– Você tem família?

– Tenho. Todos moram no interior do Estado. E a sua?

– Não moro mais com ela.

Pedro achou estranho a moça dizer aquilo. No entanto, não se importou. Andaram, "prosearam" muito. O rapaz perguntou se ela queria algo para comer e a moça disse que não tinha fome. Mesmo assim, Pedro não deu importância para aqueles detalhes.

Depois de tanto andarem, a moça decidiu voltar para a igreja redonda e Pedro a acompanhou. Retornando à praça, o rapaz gentilmente perguntou se poderia deixá-la em casa e a jovem consentiu. Disse que morava logo ali perto, numa rua chamada Érico Mota. Pedro foi, deixou a moça em casa e perguntou se poderia voltar para vê-la, a moça disse que sim.

Passou-se uma semana e Pedro se aprontou para ir à casa da nova namorada. Chegando ao local, ele encontra um senhor, sentado na porta. O rapaz, educadamente, pergunta:

– Primeiramente boa-tarde, senhor! A Destevão está?

– Não, aqui não mora nenhuma moça com esse nome.

– Mora! Eu a deixei aqui sábado passado, ela entrou na casa e disse...

– Ela disse que morava aqui?

– Bem, pois foi. Se ela entrou na casa é porque mora...

– Olha, meu rapaz, aqui mora uma moça que trabalha para mim e para minha velha. Espera, lá vem ela saindo. É essa a moça?

– Não, não é!

E Pedro saiu com uma vergonha danada, querendo entender o que havia acontecido. Quando ele dobra a esquina, algo estranho lhe acontece: um peso e um arrepio enorme... parecia alguém que o acompanhava. Foi quando Pedro percebeu que sua Destevão havia existido, mas não naquela época!

A mulher que casou com o homem que virava bicho

Há muito tempo, numa cidadezinha no interior do Estado, havia uma senhora chamada Nené, que contava um *causo* de uma moça que se casara com um homem de hábitos diferentes.

E ela sempre iniciava a história mais ou menos assim: todos os dias, Antônio saía de casa acompanhado de Quitéria. Os dois iam para casa de seus pais; Antônio acompanhava sua mulher até a casa dos pais dela, e de lá partia para visitar os seus. Porém, Antônio tinha uma saída estranha, em certos dias da semana, principalmente nas quintas e sextas-feiras. Sempre dizia para Quitéria que visitava os parentes e os amigos, mas chegava tarde em casa.

Um dia, quando eles retornavam da casa dos pais dela, Antônio falou para a mulher que havia esquecido um litro de mel de Jandaíra na casa do primo dele, o Raimundo. Então, ele pediu para que ela o esperasse. Quitéria, como já estava acostumada a caminhar no escuro, e por conhecer bem a região, não se importou; ficou ali esperando pelo marido, esperou bastante, até que horas passaram e ela decidiu:

– Acho que vou embora, ele está "custando" muito, depois ele me acompanha pelo caminho.

E a mulher partiu e começou a caminhar, quando de repente um bicho a atacou; parecia um cachorro e, no ato do ataque, ele agarrou a barra da saia de Quitéria, mordendo-a e rasgando o seu vestido. A moça, apavorada, não fez nada, ficou quieta e esperou a fera ir embora. Chegando a casa não contou nada para o marido, pois ele ainda não havia chegado. Antônio, nessa noite, chegou mais tarde do que de costume; estava estranho e encabulado, e não sabia explicar o que havia acontecido com ele.

No dia seguinte, Antônio foi para a roça, como de costume, e Quitéria ficou em casa, cuidando do almoço. O marido retorna para casa ao meio-dia e, como sempre, Quitéria ficava sentada na soleira da porta, esperando-o como de costume. Antônio chega e se deita no colo da mulher, que começa a fazer carinhos na sua cabeça e fronte. Quando, de repente, o rapaz boceja. Ao bocejar, a moça olha para dentro da boca de Antônio e percebe algo entre os seus dentes: era um pedaço de chita, o mesmo pano do seu vestido.

Assustada, a mulher disfarça, mas Antônio comenta algo que a deixa mais cismada:

– Você estava tão brava ontem! – disse Antônio.

– Como? – Quitéria respondeu.

O marido descartou a conversa, porém Quitéria ficou com medo e com curiosidade. No outro dia, resolveu procurar sua vizinha; era uma senhora muito sábia, que morava há mais ou menos duas léguas de sua casa. A senhora, que morava há muito tempo na região, conhecia várias histórias. A maior esperança da moça era saber se a tal senhora poderia desvendar o mistério que rondava o seu marido. E, assim, Quitéria partiu logo após a saída de Antônio para a roça.

Ao chegar à casa de Dona Nené, Quitéria conta o acontecido para a senhora, e ela a aconselha que passe a observar o marido nos dias de quinta e sexta-feira: se ele tem atitudes estranhas, se o cheiro dele está diferente, se, por um acaso, andavam desaparecendo bichos por perto de casa ou nas redondezas, e se pessoas tinham sido atacadas.

Quitéria retornou para casa antes do almoço e, como de costume, esperou por Antônio, sentada na soleira da porta. Fez o afago de sempre, conversaram e entraram para almoçar. E a mulher continuou a observá-lo. Quando chegou a quinta-feira, Antônio perguntou a Quitéria se ela iria para casa dos pais dela e ela respondeu que não, que iria ficar em casa fazendo renda. O marido não se importou, disse que iria fazer o de sempre – visitar os pais dele e visitar uns amigos para um jogo de baralho – e saiu.

Veio à noite e a mulher ficou em casa só, fazendo suas rendas; trancou a porta e esperou o marido retornar para casa. Depois de algumas horas, começou a ouvir um barulho estranho no terreiro, quando de repente algo bate à porta, pareciam unhas arranhando a madeira. Quitéria, assustada, ficou agarrada com seus cortes de renda e começou a rezar o credo; passados alguns instantes, o possível bicho havia ido embora.

Uma hora depois do acontecido, Antônio chegou; voltou assim, meio desconfiado, como se tivesse feito algo muito ruim. Como não sabia ao certo o que lhe acontecera, Quitéria não comentou nada com o marido. A mulher também não perguntou o que acontecera com ele, porém já tinha uma certeza: a de que seu marido era um ser encantado.

Ao amanhecer o dia, o rapaz sai para o seu trabalho na lavoura e Quitéria fica em casa; faz o almoço como sempre; arruma uma sacola, com duas mudas de roupa, e vai embora sem dizer adeus nem mesmo para a família. Antônio ficou sozinho sem saber o motivo da partida de sua mulher, mas todos sabiam que o rapaz era diferente. Assim, Quitéria ficou conhecida no lugarejo como a mulher que se casou com o homem que virava bicho.

João e o quebra dedo

Em cidade pequena, qualquer acontecimento pode virar algo muito engraçado. Esse foi um *causo* que ocorreu no interior do Estado do Ceará, onde o aparecimento do primeiro automóvel gerou uma grande confusão.

João era um dos moradores mais antigos de um lugarejo do interior do Estado; ele era muito conhecido por possuir umas terras e algumas cabeças de gado. Um dia, esse senhor resolveu adquirir um objeto que causaria uma grande celeuma no local: foi até Fortaleza, comprou o tal objeto e retornou para o interior. De volta, chegando ao lugarejo, tratou logo de providenciar uma festa: contratou uma banda da cidade vizinha, convidou os amigos, os empregados e avisou ao vigário para vir benzer o tal objeto – afinal o padre teria que dar as "bênções".

E assim, tudo ficou pronto para comemoração, a fazenda estava toda decorada, os vizinhos compareceram, os empregados também e, é claro, o vigário.

Era tanta bebida e comida que fazia gosto; quando chegou o momento principal da festa de João, apresentar o tão esperado objeto e tirar a cortina, veio a surpresa: era um automóvel!

35

Todos ficaram admirados, o povo ficou tão surpreso que uns falaram:

– Menino, que marmota é essa?

Outros diziam que aquilo talvez nem andasse, pois, de fato, o carro era tão velho que o próprio padre indagou:

– João, meu filho! Isso só irá andar com muita reza...

O dono do carro não deu a menor importância aos comentários, estava tão feliz com o carro. Tudo havia saído como ele esperava, parecia ir tudo muito bem até que o dono resolveu ligar o carro.

O Seu João deu a partida e não andou e, com isso, já se podiam ouvir rumores, tais como:

– Não anda, porque o pneu está "liso".

– Acho que isso não funciona – diziam outros.

Foi quando João pediu para alguns empregados da fazenda empurrarem a geringonça, que era um caminhão velho. O problema era que a maioria dos empregados havia ingerido tanta cachaça e comida, que já não se aguentava de pé...

Assim mesmo, Seu João não desistiu e pediu para que o padre, mais uma vez, benzesse a fubica, pois seria tudo ou nada.

Enquanto o vigário benzia a fubica, a festa continuava, era forró, cachaça e carneiro, e Seu João, nervoso. No último sinal da cruz, a fubica arrancou, arrancou tanto que Seu João passou por cima do pé de um bêbado e acabou quebrando-lhe o dedo.

Assim, toda vez que o homem chegava a alguma cidade vizinha, ou chegava de volta no lugarejo, todos diziam:

– Olha, lá vem João e o quebra dedo.

O caixeiro-viajante

Há muitos anos, moradores diziam que aconteciam certas aparições no caminho do Riacho do Meio. Os mais velhos falavam que tinha uma moça, que sempre ficava à beira da estrada, e que toda vez que alguém atravessava o caminho a cavalo ou com burro, ela pulava na garupa; e, se fosse de carroça, ela subia no transporte para poder seguir viagem.

Outros moradores diziam que, em certa localidade do interior, também aparecia uma "visagem" de moça pedindo carona, porém ninguém sabia ao certo quem era ela.

O fato é que isso acontecia entre o caminho do Riacho do Meio e uma localidade chamada Criminoso. Toda vez que alguém se atrevia a passar por aquele caminho, podia ver claramente a jovem em pé, à beira da estrada.

Até que um dia um senhor conhecido pelo nome Raimundo, um caixeiro-viajante, resolveu fazer o tal trajeto. Chegando ao local, exatamente onde aparecia a "visagem", nada viu e prosseguiu viagem.

Quando chegou ao lugarejo, despachou a mercadoria no armazém e ficou conversando, quando chegou uma senhora; ela entrou, parecia angustiada, e logo perguntou:

– O senhor é o Seu Raimundo?

– Sim, posso ajudar?

– Fiquei sabendo que o senhor é caixeiro-viajante e conhece vários lugares, inclusive Fortaleza.

– Isso mesmo! A senhora quer alguma encomenda?

– Não, o favor que vim lhe pedir é outro...

– Um favor?

– Favor de mãe desesperada, moço. Minha filha foi para Fortaleza e de lá não voltou mais, então queria lhe pedir encarecidamente que a procure. "Tô" que não me aguento mais de tanta preocupação e tristeza.

– Senhora, eu irei à cidade amanhã; se, por acaso, encontrar sua filha, eu falarei para ela que a sua mãe a procura e que está muito aflita.

No outro dia, Raimundo partiu para a capital e fez o de sempre: despachou mercadoria, comprou, vendeu e aproveitou para perguntar sobre a tal moça desaparecida.

Ao chegar ao centro da cidade, que na época era pouco habitado, entrou numa venda, pediu uma dose de cachaça e começou a prosear. Foi quando o dono do comércio disse que ali, logo perto, havia uma moça com as características por ele citadas. Raimundo não pensou muito e saiu à procura da moça.

Chegando à residência, bateu na porta e apareceu uma senhora. O rapaz perguntou pela moça que teria vindo do interior para trabalhar na cidade grande; a mulher desconversou e Raimundo não se convenceu, mas, mesmo assim, pediu desculpas pelo incômodo causado e foi embora.

Todavia, o rapaz começou a investigar e a fazer perguntas aos vizinhos. Os moradores falaram que a moça sumiu do dia para noite e disseram mais, que ouviam gritos, mas, como as casas ficavam um pouco distantes, pensavam ser de outra coisa e não de gente.

Foi quando Raimundo resolveu conversar com a vizinha mais velha do bairro, uma senhora que já era muito idosa, que falou para o rapaz que a patroa da moça era má e judiava da jovem.

No dia seguinte, Raimundo retornou à casa da senhora, porém a mesma não quis recebê-lo. Então o rapaz se dirigiu à delegacia e contou toda a história dos possíveis maus-tratos, ainda relatou que achava estranho a patroa não deixar que ele falasse com a moça, pois estava ali para dar um recado da mãe dela.

O delegado preparou uma diligência e saiu em comitiva com o rapaz. Chegando à casa da senhora, ela ainda relutou em recebê-los, mas, como se tratava da polícia, a solução foi deixar que entrassem.

Entraram, vasculharam e nada encontraram. Raimundo não entendia o porquê, já que todas as pistas indicavam que a moça estivesse ali, naquela casa. Quando ele olhou para o fundo do quintal, o único lugar que ainda não tinha sido visto, sentiu uma força chamando-o, algo que o rapaz não conseguia explicar e, de repente, ele começou a caminhar em direção ao fundo do terreno e lá encontrou uma cacimba. Ao chegar perto, teve a coragem de olhar para dentro e foi quando viu uma moça no fundo do poço. Tinha as mesmas características daquela que procurava... Raimundo percebeu, então, que a moça que pedia carona na beira da estrada era aquela jovem pedindo ajuda pra voltar para casa.

O homem que carregava o fardo

Numa localidade bastante afastada, em um município do interior do Ceará, dois garotos se aventuravam a caçar. Eles eram proibidos de saírem à noite, pois, para os seus pais, era perigoso. Os meninos não pensavam assim, até que um dia se depararam com o que seria um dos maiores sustos de suas vidas.

Era uma quarta-feira, seis horas da tarde e, como de costume, todos da casa do menino Tadeu iam à novena; no entanto, o menino não gostava daqueles encontros religiosos; na verdade, o que o garoto queria era se aventurar no meio da mata com suas caças.

Foi quando o seu amigo Osmilde, de grandes aventuras e empreitadas, fez-lhe um convite:

– Tadeu, por que não vamos caçar perto de São Lourenço?

Tadeu, que não era bobo e era louco por uma aventura, logo respondeu:

– Claro! Irei pegar a carabina e o meu cachorro Leopardo...

– Ah! Irei levar o Leão, o vira-lata lá de casa. Assim ficamos bem-preparados.

– E lá vai! Pensei que a carabina estivesse quebrada!

– E está. Levei outro dia para o pai consertar, mas ele nem olhou; pelo menos limpou a garrucha velha!

– Sei... Pensei que o Tio Maneca poderia ter consertado a carabina.

Então, Tadeu pegou a carabina, que não estava consertada e, com os dois cachorros e o seu fiel amigo Osmilde, saiu para caçar.

Como os meninos tinham vários lugares para irem, resolveram fazer a tal exploração passando por um local de cada vez. E por que não começar pelas cãs do avô de Tadeu, o Pai Souza? Ali eles chegariam, comeriam um bolo de milho e depois seguiriam para mata. E eles seguiram, a pé, para a casa do Pai Souza, na companhia inseparável de Leão e de Leopardo...

Quando lá chegaram, os dois garotos logo foram dizendo:

– Nós vamos caçar! – disse Tadeu.

O avô do menino olhou e alertou:

– Vocês não acham que já é deveras tarde para fazer esse de tipo de "danação"? Por que os meninos não vão jogar biriba? Ou ouvir as histórias, que logo mais serão contadas, nos batentes da casa?

Os meninos, numa empolgação só, sequer prestaram atenção aos conselhos do velho avô. O que vinha a suas cabeças era a oportunidade de realizar o que seria uma grande caça.

Ao sair da casa do Pai Souza, os meninos não perceberam que já se fazia tarde. No entanto, começaram a aventura, andaram por várias partes do distrito, atrás de algum animal, e coisa alguma avistaram. Os companheiros Leão e Leopardo, sempre atentos a qualquer movimento estranho, também não encontraram nada. Não se via nada, nenhum animal, nem peba, nem cutia e nem tamanduá. Realmente era um dia ruim para caçar.

– Hoje o dia não está bom para caça, disse Tadeu.

– É... meu pai me falou que tempo bom pra se caçar é no inverno.

– Deve ser porque os bichos saem à noite para comer.

– É mesmo? E agora? Nós fazemos o quê?

– Voltamos para casa!, respondeu Tadeu a Osmilde.

E continuaram a caminhar pelo Distrito de São Lourenço, cansados, carregando uma carabina e uma lamparina. Por sorte, a noite estava agradável. E andaram e andaram e nada de caça! Foi quando lá pelas tantas resolveram descansar. Como já tinham caminhado bastante, os meninos e os cachorros estavam bem próximos do Rio Acaraú, perto da casa do Pai Souza. Eles acharam melhor pararem perto de uma árvore, na beira da estrada, e descansar um pouco.

E assim fizeram, sentaram um de frente para o outro, Tadeu e Osmilde, e os cachorros deitaram próximos, assim como se fossem ficar em posição de alerta. E fica-

44

ram ali até que cochilaram, quando, de repente, apareceu aquele personagem estranho: era um homem de estatura mediana. Quando estava quase em cima dos garotos, Tadeu despertou e olhou para ele, agarrou a carabina e esperou que Leão e Leopardo ficassem em posição de ataque, porém eles não fizeram nada...

E o homem continuou lá, em pé, no meio dos meninos, e nada dizia ou fazia; carregava um saco nas costas de uns sessenta quilos, preenchido pela metade, não dava pra ver seu rosto, pois o saco o cobria, e suas roupas eram estranhas. E o mais estranho era os cachorros não atacarem!

E ele ficou ali, parado, parecia agora pedir passagem ou permissão – e assim o fez: sem pedir com gestos ou falar alguma coisa, passou por entre os garotos assustados. Imediatamente, os dois meninos sentiram um arrepio quando ele atravessou o caminho em direção à casa do avô de Tadeu. Mais adiante, fez um desvio e andou em direção à lagoa e sumiu! Como ele sumiu ninguém sabe... Esse também foi outro mistério sem explicação.

No outro dia, ao comentar o fato na casa de seu avô, Tadeu disse que o homem que eles viram parecia angustiado. Foi quando o seu tio e seu avô disseram:

– Rapaz, isso é aquela "visagem" que anda por aí. Dizem que ela carrega o saco nas costas, pois ali estão os seus pecados. E mais: não se pode falar com ela, nem oferecer ajuda, pois não se deve lastimar as dificuldades da vida...

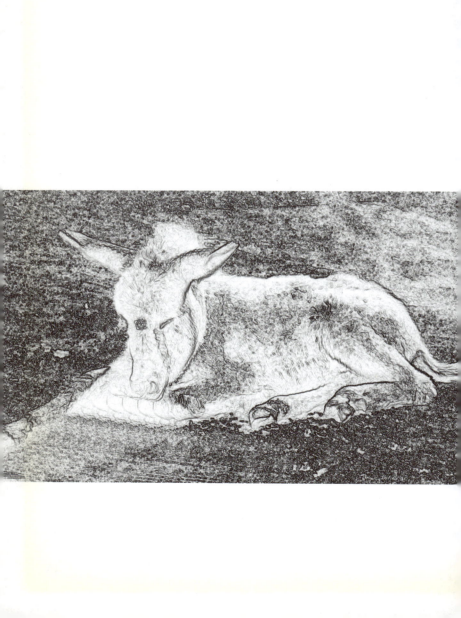

O medo

O medo pode ser uma arma para fazer com que o homem imagine coisas que não existem. Assim foi um *causo* acontecido com um rapaz chamado Manoel, em Bela Cruz.

Numa região chamada Rasfeias, era bastante comum acontecer *causos* estranhos. Um dia, Seu Manoel, que se destinava à casa da namorada, Alice, deparou-se com algo esquisito e engraçado.

O rapaz saía de casa todos os dias, por volta das seis horas da tarde, organizava a burra e a cangalha. Nesse dia, colocou na algibeira um bolo de milho que sua mãe havia feito para a futura nora e partiu. Seguindo o caminho de sempre, com a lua lá no alto iluminando, Manoel fazia a viagem tranquilo, sossegado, ansioso para ver a namorada.

O rapaz ia seguindo o seu caminho pensando alto, quando, de repente, avistou ao longe, na mata, um "mexido" nas folhagens. Mexia tanto e fazia um barulho tão alto que a burra de Manoel refugou, não andava nem pra frente e nem pra trás. O rapaz ficou atento e olhou para a mata; com o clarear da lua, via o movimento estranho: quando se virava ficava alto e um "volume branco" aparecia com um gemido cada vez maior.

Manoel ficou com tanto medo que não sabia se prosseguia ou se voltava. Mas o pior é que da burra não obedecia. O rapaz tomou coragem, apeou a burra, desceu e começou a caminhar em direção à mata. À medida que o jovem caminhava, a lua clareava ainda mais a mata, deixando-o com mais medo.

Tudo ficava mais assombroso, o barulho com gemido, e o "mexido" com gemido e com barulho, a mata se mexendo e Manoel se tremendo, rezando e se valendo de todos os santos...

Quando foi se aproximando da moita, as folhas se mexeram e aquele volume subiu, e a luz da lua clareou. Nesse momento, Manoel deu um grito e para sua surpresa...

Era um jumento novo, desses que são pegos para trabalhar na roça. O pobre do bicho tinha passado o dia trabalhando carregando carga e, quando chegou a noite, o animal descansava nas folhagens.

Então, o que seria mexido era o bicho se virando para melhor encontrar uma posição; o que seria o gemido era o cansaço, que era grande; e o "volume branco" era a barriga do animal, que, ao se virar, a lua clareava, deixando-a cada vez mais branca.

O medo pode ser aterrorizante em certas situações, fazendo com que o homem imagine coisas que não existem.

O susto de Tadeu

Naqueles tempos não existiam escolas na zona rural, por isso o pai de um garoto resolveu pagar uma normalista, para que o menino aprendesse as primeiras leituras. Era comum que as aulas fossem ministradas no campo, no turno da noite.

Essa é a história de um menino que, ao ir à aula, é surpreendido por um bicho estranho. Tadeu, um garoto de uns treze anos, saiu de casa na hora de sempre, seis horas da tarde, a conhecida hora da trindade. A sua mãe, como de costume, abençoou-o e ele partiu para sua aula.

O menino saía de casa com sua cartilha e com um caderno na mão e, como o garoto costumava caçar, levava consigo um objeto cortante para se defender, caso algum bicho o atacasse.

O garoto saiu e seguiu o seu caminho. Ele morava perto do rio, e todos os dias seguia o caminho de quem se destinava a São Lourenço: passava pela estrada e continuava atento, principalmente quando ia subir um pequeno morro. Um dia, Tadeu começou a escutar latidos e grunhidos; pareciam cachorros brigando, e pensou: "Deve ser os cachorros

do Tio Inácio ou do Seu Florêncio". E continuou o seu trajeto.

Quando ele ia se aproximando da casa do seu tio, um bicho estranho passou correndo e ameaçou atacar e, com velocidade, pulou por cima de Tadeu. O menino tomou um susto e conseguiu se desviar do animal. Da mesma forma que surgiu, o bicho sumiu, e o menino ficou sem compreender o que aconteceu. Entretanto, continuou o seu caminho em direção à escola, até chegar à casa de seu amigo Osmilde.

Na casa de seu amigo começa a narrar o fato, tudo como havia acontecido. O pai de seu amigo escutou tudo, com muita atenção.

– Ora, eu vinha no caminho e o cachorro do Tio Inácio me atacou!

O pai do amigo logo respondeu:

– Tem certeza que era um cachorro?

– Parecia um cachorro: era baixo e veio em minha direção, como se fosse atacar.

– Não, não era não, sabe? Porque, há dois dias, eu fui à casa de Inácio e ele me disse que tinha um bicho atacando por aquelas bandas e com medo de perder o cachorro ele o prendeu...

– Não era o cão do meu tio?

– Não, não. Esse bicho tem atacado toda essa região, tem matado criações de gado e carneiro, e o meu palpite é que isso que tem atacado por essas bandas não é bicho.

– Não! O que seria? – perguntou Tadeu assustado.

– Pra mim é gente. Apareceu um morador novo por aqui, dizem que ele não conversa com ninguém e nem o nome dele se sabe ao certo; pra mim ele vira lobisomem.

Tadeu escutou toda aquela história, mas não acreditou e foi para a aula. Mas, mesmo sem acreditar, ao final da aula esperou que alguém de sua casa fosse buscá-lo. Afinal, podia a história ser fantasiosa, mas a prevenção ainda era o melhor remédio!

Seu Florêncio

Certa vez, o mais velho de seis irmãos pediu ao seu irmão do meio e à caçula que fossem numa venda comprar farinha que, em troca, lhes daria bombons. Como os meninos eram loucos por um agrado, aceitaram a proposta.

Os meninos iriam à venda e o irmão mais velho, Chico, ficaria vigiando-os. Era uma distância pequena, mas, caso as crianças precisassem de ajuda, ele as socorreria. Francisco tinha motivos para não ir à venda: o primeiro, preguiça, e o segundo, por não falar com o proprietário – diziam que fora por causa de uma aposta. Enfim, os meninos aceitaram o mandado, e Chico ficou de longe observando os pequenos.

– Olha! Prestem atenção, está muito escuro, tomem cuidado; peguem aqui a lamparina e vão com cuidado. Comprem a farinha e os bombons de vocês. Ah! Se tiver quebra-queixo, podem trazer também.

– Certo, mas Chico, você vai ficar muito longe? – perguntou Antônia.

– Não! Eu fico "pastorando" e depois estou armado; nenhum bicho irá atacar vocês...

Os meninos foram. Como já estava escuro, as crianças levavam uma lamparina pra poder enxergar o caminho. Ao

53

passar por um determinado trecho, viram um jumento embaixo de uma moita; o bicho virava para um lado e para o outro. Foi quando Raimundo disse:

– Estranho, não ouvi falar que tivesse algum bicho novo!

– É mesmo, não ouvi falar de nenhuma égua que tivesse parido.

Assim os meninos seguiram andando, foram e retornaram da venda. No outro dia, Chico, que se encontrava na casa de um conhecido, vê chegar um homem de aparência feia e suja. Era o Seu Florêncio, um homem de meia-idade, solteiro, com duas filhas de criação. Na verdade, era um homem muito esquisito.

Ele chegou e começou a prosear:

– Ora, Chico, ontem vi os seus meninos!

– Foi? Onde?

– Na estrada que vai pra venda de Jacinto. E mais...

– O quê? Eles fizeram alguma danação?

– Não! Só não os peguei porque não quis. Eu "tava" bem pertinho...

– Está doido, seu velho? Da distância que eu estava, eu lhe dava um tiro com a minha carabina.

Quando Chico terminou a prosa, foi para casa e perguntou para as crianças se elas haviam visto algo diferente, e elas responderam que a única coisa que viram fora um jumentinho novo, o que acharam muito estranho.

Pouco tempo depois, descobriram, no lugarejo, que o Seu Florêncio virava qualquer tipo de bicho e que todos tinham medo dele por ele ser um homem enfeitiçado!

Capítulo 2

ATIVIDADES PROPOSTAS
Pelas trilhas da Língua Portuguesa

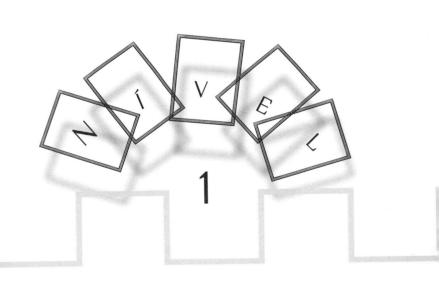

Reconto

Organizar os alunos sentados em círculo, no chão, para ouvirem uma história, por exemplo, João e Maria, enfatizando os diferentes personagens: as vozes, os tamanhos e as cores. Posteriormente, divide-se a turma em três grandes grupos: um deverá receber os desenhos dos personagens para que eles os descrevam; outro grupo deverá fazer o reconto, por escrito, da história que foi contada e depois partilhar com os demais colegas (reconto oral); o terceiro grupo confeccionará perguntas referentes ao texto que foi lido, para gerar uma discussão sobre o tema que a história traz.

É importante que haja uma orientação aos grupos, para auxiliá-los na preparação de suas atividades e que, ao longo da leitura da história, instigue-se a curiosidade dos alunos, para uma melhor compreensão do texto.

Essa atividade pode ser desenvolvida uma vez por semana, para trabalhar melhor os textos lidos, mergulhando no imaginário dos alunos, desenvolvendo a oralidade, a escrita e a leitura, trabalhando a compreensão e a percepção do texto lido; no trabalho em grupo, pode-se enfatizar valores sociais como a ajuda e o respeito aos demais colegas de classe, aprender a escutar a opinião de outras pessoas, dentre outros valores contidos no texto narrado.

Caça ao tesouro de palavras

Haverá uma conversa inicial sobre tesouros, para observar os conhecimentos prévios que os alunos possuem sobre o tema: o que é um tesouro? Vocês (alunos) possuem algum tesouro? Consideram que suas famílias e a escola são tesouros na sua vida? É importante cuidar de um bem tão valioso? Enfim, perguntas que mostrem que há tesouros materiais e que existem aqueles que não são materiais, que temos para vida inteira, que são os sentimentos (bons), as pessoas que convivemos, e que também devemos zelar por eles.

Depois de conversar com as crianças, poderá ser feito um desenho de dois baús grandes; cola-se no quadro ou no próprio chão – eles poderiam ser de eva, duplex ou cartolina. A sala será dividida em duas equipes, por exemplo, meninos e meninas. Será pedido que eles procurem 10 figuras (dependendo do número de equipes ou de alunos, poderão ser mais ou menos gravuras), com seus respectivos nomes; podem ser objetos da sala (livro, lápis), funcionários da escola (diretor, merendeira), locais da escola (banheiro, secretaria) ou a própria família – dependerá da temática com que se vai trabalhar.

As figuras podem ser escondidas na sala de aula ou até mesmo no pátio da escola. Cada equipe deverá achar as figuras e colocá-las (ou colá-las) no baú, depois de dizer para todo o grupo a importância da conservação desses objetos, das funções exercidas pelos que compõe a comunidade escolar e a família, os alunos farão cartazes para expor na escola. Nessa atividade, busca-se trabalhar a cooperação entre os participantes, já que os alunos deverão trabalhar em equipe para encontrar o maior número de figuras, como também a valorização e conservação da escola, reconhecendo a importância dos trabalhos dos funcionários, assim como o valor da família etc. Uma variação da atividade é *trabalhar nomes próprios e comuns, o alfabeto, número de sílabas, classificação das sílabas.*

Utilização de imagens: trabalhando valores

Haverá, no chão, diversas figuras como crianças sorrindo, brincando; outras tristes, em meio ao lixo; algumas com uma casa bonita; famílias grandes, pequenas etc. Solicita-se que cada aluno pegue uma gravura e cole em uma folha de papel; os alunos deverão escrever um adjetivo, ou uma característica da gravura – é importante que se explique o que é adjetivo. Em seguida, pode-se indagar: O que a figura o(a) faz sentir? O que você vê na figura? O que poderia fazer para melhorar? Quem poderia fazer?... Cada aluno mostrará depois a sua figura e lerá seu adjetivo, falando por que o escolheu.

Nessa atividade, deve-se buscar uma linguagem simplificada para uma melhor compreensão dos alunos, mas sem se esquecer de fazê-los compreender novos conceitos (como adjetivo). Os objetivos dessa atividade são: sensibilizar os alunos com situações cotidianas; conhecer os alunos e suas dificuldades; valorizar as potencialidades de cada um e fazer com que as crianças respeitem a fala dos demais.

Dominó

Em um primeiro momento será explicado o que é um dominó e como se brinca com ele. Depois, os alunos se dividirão em grupos de, no máximo, seis alunos e brincarão com os dominós. Ao experimentar a brincadeira, eles serão estimulados a fazerem seus próprios joguinhos, para posteriormente ensinarem aos demais alunos da escola e assim dinamizarem o recreio. Pode-se fazer dominós com frutas, animais, famílias ou contendo sílabas, para que eles montem palavras. Cada jogo deve conter sete figuras iguais e, no caso de ser palavra/ilustração, devem ter quatro figuras e três palavras (com o nome do objeto em questão).

Trazendo o material de casa, ou fazendo com eles na sala de informática, fica bem mais rápido e prático, depois é só recortar e colar. Com essa atividade temos os seguintes objetivos: aprender brincando cores, frutas, animais, componentes da família, vogais, consoantes, sílabas e palavras; trabalhar motricidade e a criatividade das crianças, pois elas que confeccionarão seus jogos; aproveitar os momentos de intervalo para os alunos interagirem com outros, ensinando e partilhando os jogos produzidos.

ABACAXI

PERA

BANANA

GALO

GALINHA

PERU

A

B

C

Dramatização a partir de uma história

No primeiro momento da aula, divide-se a turma em várias equipes e, para cada uma, distribui-se uma história infantil conhecida (como, por exemplo, *Chapeuzinho Vermelho*, *Cachinhos Dourados* ou *Os três porquinhos*). Pede-se para que os alunos façam a dramatização das histórias (pode ser feito um sorteio para ver quem começa).

Ao se apresentarem, as outras equipes tentarão adivinhar e escreverão no papel o nome do conto; a equipe que

escrever o nome corretamente será a próxima a fazer a dramatização. É importante ter ou levar para a escola algumas roupas e objetos, para compor os cenários. Essa atividade é bastante lúdica e estimula a imaginação. Além disso, desenvolve a potencialidade da voz, pois, de acordo com o personagem representado, tenta-se falar grosso, fino, imitar sons de animais. Assim, terão momentos lúdicos e sensoriais. Diversifica o vocabulário e avalia a percepção crítica (o que pode melhorar ou não na dramatização). Também poderá ser trabalhado o respeito em cada interpretação, o que contribui para o crescimento individual da criança a partir da construção do personagem.

> *Pode-se, ainda, perguntar aos alunos qual a história que eles mais gostaram, e propor que eles ensaiem para apresentar aos demais alunos da escola, incentivando assim a arte e a cultura. Outra proposta interessante seria fazer uma história cantada, como a da Dona Baratinha ou "Rato", da Palavra Cantada[2] – essa história desperta o interesse das crianças, que podem interpretar a música e confeccionar as máscaras é as roupinhas.*

---

[2] Disponível em http://www.youtube.com/watch?v=T_V-90GK5bI

Roda de conversa: trabalhando o ECA na sala de aula

Em um primeiro momento, pergunta-se se os alunos sabem o que são direitos e deveres. Depois, pode-se mostrar um livro contendo o *Estatuto da Criança e do Adolescente*, dizendo que naquela obra existem obrigações e direitos que eles, a família, a escola e toda a sociedade devem cumprir e usufruir.

Em seguida, divide-se a turma em duplas ou em trios e distribui-se duas cartolinas para cada equipe, canetinhas, pincéis, guache – cada grupo irá desenhar o que lhes for pedido.

Depois das equipes formadas e com os materiais distribuídos, chama-se um aluno de cada grupo e sorteia-se um direito e um dever; os alunos deverão desenhar o que foi sorteado. Ao término, recolhem-se os desenhos.

Dando continuidade, apresentam-se as imagens, referentes aos deveres e aos direitos e todos escreverão, em uma folha de papel, a correspondência entre um e outro. Ao socializar as gravuras, eles poderão expor na sala de aula ou por toda a escola – e aprenderão brincando. Com esta atividade os alunos terão a oportunidade de conhecer e colocar em prática os seus direitos e os seus deveres, bem como fazer com que outras crianças obtenham esse conhecimento.

A Resolução 7, de dezembro de 2010, determina que o ECA deve ser trabalhado nas escolas (Art. 32, § 5°); portanto, essa atividade tem como maior objetivo cumprir tal Resolução, mas de forma lúdica.

Rótulos

Essa atividade tem por objetivos: familiarizar os alunos com letras de tamanhos e formatos diferentes, e desenvolver a criatividade. Para isso, propõe-se que se leve rótulos e embalagens de produtos diversos utilizados no cotidiano da comunidade. Os alunos realizarão a leitura dessas embalagens de produtos que eles conhecem e consomem como, por exemplo: Nescau®, Coca-cola®, Omo® etc. Depois, entregam-se diferentes caixas e garrafas aos alunos e eles terão seus próprios rótulos. Ao término da atividade, as crianças deverão explicar a todos a utilidade de seus produtos.

Com a intermediação docente, eles aprenderão a ouvir a apresentação de cada criança e ainda terão a oportunidade de exercitar seus direitos de consumidor como, por exemplo, compreendendo a importância de saber ler, identificar e reconhecer produtos em supermercados, mercantis, lojas em geral; a data de validade, se pode ser consumido por todas as pessoas ou se há restrições; trabalhar a lógica, quando houver a comparação de preços; ter noções de economia e qualidade, quando comprarem produtos mais baratos, mas de boa qualidade. Caso eles não tenham o hábito de fazer as compras com a sua família, seria interessante a professora agendar uma visita a um supermercado, conversando com o gerente, para que os alunos possam perceber que existe um lugar específico para cada produto; que os alimentos não podem ficar junto com os produtos de limpeza; que algumas frutas, verduras e carnes devem ser conservadas em ambientes resfriados e que, por lei, todos os produtos devem conter rótulo, informando inclusive os valores calóricos do que será consumido.

Varal de letras

O varal de letras consiste na elaboração de pequenos quadrados recortados e interligados por um barbante, como se fossem as páginas de um livro, para apresentação de todas as letras do alfabeto. Cada letra deverá se repetir sete vezes.

Antes dessa apresentação pode-se trabalhar um pequeno texto sobre a temática de preferência dos alunos; após é pedido que as crianças anotem as palavras que mais lhe chamaram a atenção no texto. Em seguida, divide-se os alunos em duplas e cada dupla terá a tarefa de ir até o varal e construir uma palavra referente ao texto lido; após, a dupla fará a socialização da palavra formada escrevendo-a no quadro para o restante da turma. Ao final, as duplas farão a leitura de todas as palavras apresentadas e poderão discutir/avaliar por que a escolhida chamou a atenção da dupla, quais os erros cometidos na formação da palavra no varal, em que situações do seu cotidiano essa palavra se encontra etc.

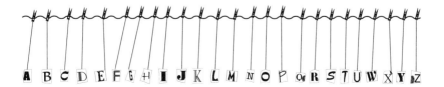

Histórias para o livro do ABC

Os alunos farão um desenho com uma história para ser inserido no livro do ABC, lançado ao final do ano letivo. O tema da criação deverá ser livre.

Essa atividade pode ser feita ao longo do ano letivo, ou mais ao final, quando os alunos estarão mais conscientes da oralidade, da leitura e da escrita. Além de escreverem as histórias, eles terão que lê-las para os responsáveis presentes na reunião de pais.

Outra opção seria, ao término de cada aula, os alunos, coletivamente, escreverem um pequeno texto sobre o que aprenderam naquele dia e, no final do ano, teriam um resumo de suas vivências e aprendizagens – que seriam lembradas por toda a vida.

Bilhete

Essa atividade tem por objetivo: estimular a imaginação e trabalhar o gênero textual bilhete, de forma lúdica, desenvolvendo a produção textual. Um bilhete serve para comunicarmos, em poucas palavras, o que precisamos ou sentimos – e geralmente é usado quando não há possibilidade de falar pessoalmente com o destinatário.

Leva-se para a sala de aula alguns bilhetes e, numa roda de conversa, pergunta-se aos alunos se eles sabem o que é um bilhete, se já escreveram ou receberam um. Após a explicação sobre esse gênero textual, explicando que ele é utilizado numa comunicação informal, é proposto que os alunos se dividam em três equipes. Eles desenvolverão bilhetes que serão utilizados, ao longo do dia, em diversos momentos e ambientes como, por exemplo: pela manhã, ao sair de casa para ir à escola, lembrando o irmão que ele precisa dar comida ao seu animal de estimação; à tarde, lembrando a vovó que ela deve tomar um remédio em determinado horário; e à noite, para que não se esqueça de apagar todas as luzes. Essa atividade também contribui para o exercício da cidadania, além de propiciar a comunicação entre as pessoas.

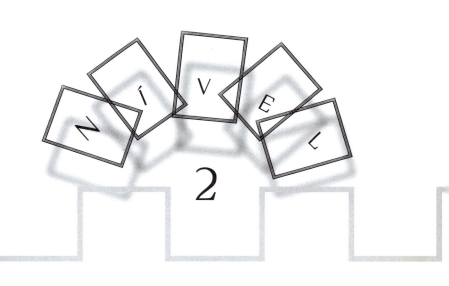

Ordem alfabética da turma

Esta atividade, além de promover a socialização da turma, possibilita à criança perceber a importância de organizar uma lista, usando como estratégia o nosso alfabeto. Antes de iniciá-la, é fundamental que se apresente e se esclareça como seria difícil encontrar uma palavra no dicionário, o nome de alguém em uma lista telefônica, ou localizar o nome completo de alguma pessoa em um resultado de prova, caso as palavras e os nomes não estivessem em ordem alfabética. Além disso, pode-se exemplificar este questionamento mostrando uma lista telefônica, uma lista de resultados de uma prova, para que as crianças analisem a estrutura de uma lista organizada em ordem alfabética. Assim, a atividade tem como objetivo principal revelar aos alunos que eles estão em uma sociedade em que a estrutura de lista ocorre com frequência.

Nesse caso, eles poderão organizar a lista de participantes da turma e, em seguida, organizarão uma lista de contatos. Pode-se dividir a turma em dois grupos (G1 e G2) – é interessante deixar as carteiras dispostas em duas fileiras para a realização desta atividade. Orienta-se os grupos, de maneira que todos os componentes do G1 estejam sentados na primeira fileira aguardando os componentes do G2 registrarem os nomes completos deles e o número de contato, e vice-versa. Em seguida, os participantes do G1 formarão duplas com os do G2. As duplas terão a missão de organizar os registros dos nomes completos, em ordem alfabética, para a construção de uma lista de contatos da turma.

Outro ponto relevante é que esta atividade permite abordar a identidade social dos participantes, pois cada aluno terá contato com o nome completo dos colegas da sala, revelando sua origem familiar. Além disso, pode-se favorecer uma aprendizagem interativa.

G1
Ana Amélia da Silva
Beatriz Gouveia Torres
Carmem Oliveira Barros
Diana Farias Melo
Edna Montenegro Vieira
Fabiana Alencar Vale
Gorete Sales Mesquita

G2
Helena Greco Maia
Iasmim Barroso Silveira
Jaqueline Nascimento
Kátia Santos
Lívia Lemos Aguiar
Mônica das Neves
Zaira Alves Barroso

As pistas da palavra

Esta atividade tem como intuito ampliar o conhecimento dos alunos fazendo com que eles escrevam e reescrevam as palavras de forma correta, sobretudo empregando corretamente as consoantes que geram dúvidas quanto à escrita. Além disso, cria um ambiente de descontração entre os alunos e também facilita o acompanhamento do desenvolvimento da turma e a avaliação individual. Ela pode ser aplicada em uma aula de ortografia, quando, por exemplo, será trabalhado o uso das letras G e J. Consultar o dicionário auxilia os alunos a não terem dúvida quanto à escrita das palavras.

Pode-se utilizar cartolinas para a confecção das perguntas norteadoras das pistas das palavras, ou pode-se escrever essas pistas no quadro, de maneira que possibilite a identificação da palavra que os alunos deverão encontrar.

Antes de realizar a atividade, pode-se propor uma atividade de caráter ortográfico, na qual os alunos buscarão no dicionário qual dessas letras – G ou J – completará a palavra de maneira correta. Em seguida, com base nessas palavras encontradas pelos alunos, pode-se escrever no quadro três palavras, que os possibilite identificar a palavra encontrada por eles. É importante deixar ao lado das pistas a quantidade de letras existentes na palavra.

As pistas:

Uma das letras pode ser G ou J

Tem horas

Tem ponteiro

A palavra é: _____ _____ _____ ____ _____ _____ _____

Reescreva a palavra:_____

Esta atividade também poderá ser adaptada, substituindo-se por outras letras (X ou CH, por exemplo), de acordo com o plano de aula.

É importante que os alunos confiram a resposta no dicionário, pesquisando e participando ativamente do seu processo de aprendizagem. A atividade também poderá ser feita em duplas. Os alunos gostam de desafios: por exemplo, a professora poderá estabelecer um limite de tempo para cada pista informada e, consequentemente, incentivá-los a criarem estratégias, com o companheiro da dupla, para encontrarem a resposta e corrigirem os possíveis erros com auxílio do dicionário.

O uso de atividades tradicionais ("complete com G ou J") não impede a realização de jogos educativos que tenham como objetivo facilitar o processo de ensino e de aprendizagem. É importante verificar as possibilidades didáticas e posteriormente adaptar essas atividades ao contexto da turma. Isso também pode ser uma ferramenta com a qual se possa avaliar o desempenho dos educandos.

O tato e a palavra

Nessa atividade a brincadeira da cabra-cega foi adaptada para uso pedagógico, com o intuito de despertar a atenção, a rapidez de raciocínio e a memória dos alunos. É importante que, antes de vendar os olhos de um(a) aluno(a), haja uma explicação sobre a importância de utilizarmos os nossos sentidos para perceber que podemos explorar o mundo, de maneira significativa, usando as diversas possibilidades de ambos (tato, paladar, visão, audição, olfato), para (re)conhecer objetos, sensações, cheiros...

Pode-se solicitar que os alunos analisem os objetos que estão presentes na sala de aula, ou seja, fazer com que eles observem atentamente, utilizando, a princípio, a visão e depois o tato, com um lenço tampando seus olhos – eles deverão desvendar que objeto estará em suas mãos. Pode-se acrescentar alguns questionamentos: qual a letra inicial do objeto? Qual a letra final? Quantas sílabas possui o objeto? Soletre o nome do objeto...

Estimular aprendizagem dos alunos partindo de conhecimentos sensoriais, com o auxílio do brincar de cunho educativo, gera um ambiente agradável para que eles desenvolvam conhecimentos significativos, tornando-os sujeitos ativos.

Obs.: *Essa atividade possibilita o conhecimento de outro mundo – o que é percebido pelos sentidos. Dessa forma, também se pode compreender como uma pessoa que é cega ou tem uma deficiência visual pode conhecer o mundo e desenvolver atividades da mesma forma que os que enxergam. Com isso, estamos contribuindo para uma formação mais cidadã, com respeito às diferenças individuais.*

Telefone sem fio

O ato de brincar deve fazer parte do ensino e da aprendizagem no Ensino Fundamental. Os jogos de cooperação, por exemplo, são de suma importância na construção do "eu" dos alunos e no que se refere aos novos métodos de aprender. O telefone sem fio é um desses jogos, ele é um bom exercício para o desenvolvimento da percepção auditiva e da memória dos alunos.

Inicialmente, pode-se dividir o quadro em cinco partes. De acordo com o procedimento da brincadeira do telefone sem fio, no qual os participantes passam a informação para os outros usando a fala e a audição. São ditas três frases para o primeiro aluno e assim até chegar ao quinto; em seguida, serão estipulados três minutos para os cinco alunos transcreverem no quadro o que foi dito pelo colega do lado.

Outra adaptação da atividade do telefone sem fio é: ao invés de utilizar a fala e a audição, pode-se utilizar o tato para passar as informações aos colegas. O aluno poderá usar os dedos para fazer, nas costas do colega, a escrita da mensagem.

É interessante que a professora possa intervir no desenvolvimento dessa atividade, de modo a despertar nos alunos o sentimento de empatia. Ao se colocarem na situação de não poderem utilizar a fala e a audição na comunicação com os demais, poderiam refletir, por exemplo, sobre como uma pessoa com deficiência auditiva faz para se comunicar.

A avaliação dessa atividade pode acontecer em uma roda de conversa com os alunos, de maneira que eles exponham oralmente, ou leiam o que escreveram, as possíveis dificuldades existentes e as sensações vivenciadas por eles durante a realização da atividade.

Receita / Forca / Amarelinha

Inicia-se com o levantamento de uma pesquisa na sala e registra-se no quadro o resultado. A pesquisa poderá ser, por exemplo: quais os pratos de comida e sobremesa preferidos dos alunos? Depois que as respostas forem registradas no quadro, far-se-á um sorteio onde cada aluno deverá sortear o nome de um amigo da sala. Os alunos, por meio do registro feito no quadro, anotarão o prato preferido de comida e sobremesa da pessoa sorteada para trazer na aula seguinte.

Pode ser interessante utilizar a brincadeira da forca, escolhendo as palavras existentes nas receitas dos alunos. Tal recurso poderá ser o produto da avaliação.

Outra variação, para finalizar essa atividade, é adaptar a brincadeira da amarelinha em quatro quadrados. Além de divertir, pode-se realizar um ditado oral durante a brincadeira: cada quadrado terá um número que simbolizará a quantidade de sílabas existentes nas palavras escritas pelos alunos e nas receitas pesquisadas. A cada passagem de quadro, um aluno terá que informar as palavras que se encaixam, de acordo com o número de sílabas presentes no quadrado.

É importante buscar alternativas que contextualizem a realidade dos alunos, de forma que gerem uma aprendizagem significativa. Para isso, existem diversas alternativas e possibilidades pedagógicas em nosso cotidiano. É nosso papel aperfeiçoar os métodos didáticos e pedagógicos para facilitar o processo de ensino e aprendizagem.

Correio web digital

Pode-se iniciar essa atividade com uma dinâmica de apresentação da temática amizade, destacando a importância dos laços de afetividade, respeito e companheirismo. Em seguida, propõe-se a criação de um "correio da amizade", no qual cada aluno deverá escolher um colega para enviar um bilhete (ou a professora poderá sortear o colega para o qual será escrito). A professora dará as orientações acerca das características e dos elementos presentes nesse gênero textual.

A troca dos bilhetes será por meio de recursos digitais. Com uma câmera digital, reserva-se um local da sala onde cada aluno poderá gravar, durante a semana, a sua mensagem (todos participarão); é importante a intermediação docente, para que nenhum aluno deixe de gravar ou receber sua mensagem; no dia marcado, será feita a apresentação das gravações.

A importância da realização dessa atividade é agregar valores afetivos e sociais, oportunizando perceber que somos agentes promotores da paz e da amizade, se quisermos. Além disso, trabalha a desenvoltura da oralidade.

Convite

A atividade lúdica que será apresentada em sala de aula deve possuir direcionamento pedagógico, ou seja, deve conter sempre intencionalidade de educar, como o suporte pedagógico para aprendizagem. Estimula a imaginação dos alunos, para que avaliem sua desenvoltura oral perante um público determinado.

Nessa atividade, solicita-se que os alunos "façam de conta" que são artistas (bailarina, ator, atriz, mágico, cantor etc.). A primeira etapa da atividade será a redação de um convite personalizado, com orientações sobre a estrutura desse gênero textual, abordando os elementos que lhes são obrigatórios: o nome do evento, a data, o local, o horário, o remetente e o destinatário. Em seguida, os alunos produzirão um convite personalizado, para que o seu público assista ao seu espetáculo.

Posteriormente, cada criança apresentará aos colegas de classe o seu convite personalizado, acompanhado de um desempenho criado por ele (por exemplo: uma mágica, uma música etc.). Seria interessante que essa atividade fosse gravada, para que na aula seguinte fosse possível analisar as apresentações. Nesse caso, algumas apresentações, se necessário, poderão ser refeitas, de acordo com a análise da turma.

Amigos de Jó

Amigos de Jó é uma adaptação de uma cantiga de roda, *Escravos de Jó*, e tem como objetivos: trabalhar o ritmo, a coordenação motora dos braços e das mãos e a memória. Pode ser também um bom exercício articulatório, além de promover o sentimento de cooperação entre as crianças.

Esta atividade ainda pode proporcionar noções de espaço, tempo e ritmo, além de trabalhar valores. Por intermédio da brincadeira de roda, os alunos buscarão um ritmo grupal harmonioso.

A letra da música, já adaptada, será disponibilizada para que os alunos aprendam a cantar antes de iniciar a atividade:

Amigos de Jó jogavam caxangá.
Tira, põe.
Deixa o Zé Pereira ficar.
Festeiros com festeiros, fazem zigue, zigue, zá (2x).

É interessante explorar a letra da música, proporcionando aos alunos a percepção dos verbos nela existentes.

Em seguida, o grupo irá se organizar em um grande círculo e, ao mesmo tempo em que canta a música, fará uma coreografia.

As etapas propostas pela música são: "Amigos de Jó... caxangá" – dão uma volta no círculo; "Tira" – pulam para o lado externo do círculo; "Põe" – pulam de volta ao círculo; "Deixa... ficar" – permanecem no círculo, agitando os braços erguidos; "Festeiros com festeiros" – dois passos para frente no círculo; "Zigue, zigue, zá" – começa com o primeiro dando um passo à frente, o segundo voltando e o terceiro novamente para frente. Quando o grupo já estiver sincronizando o seu ritmo, pode-se acelerar o ritmo.

Cantigas de roda

A atividade possibilitará desenvolver o mecanismo para a interpretação de um texto usando, como estratégia, a coerência textual. O primeiro passo desta atividade é organizar o verso: a escolha de versos simples, para iniciar aplicação de texto com lacunas, facilita. Em seguida, organiza-se um caça-palavras, que estimula a concentração e enriquece o vocabulário. Após a aplicação da atividade, pode-se ensinar os versos cantados; nesse caso, pode-se levar os alunos para o pátio da escola para cantarem e brincarem. A brincadeira da corda, por exemplo, fica mais alegre e estimulante quando é cantada por seus participantes.

Outra possibilidade de utilização do texto é fazer questionamentos que tenham como objetivo classificar as sílabas dos substantivos encontrados nos versos.

Versos		CAÇA-PALAVRAS
" Um homem bateu em minha porta. E eu _____	Só / chão / abri / rua / rodadinha	E R G H H K O K S O U L A N P D A V S A J L O Z R O D A I N H A Z X B N E A T Q C H A O I J Z T P W Z Q A I Y I O J A B R I E I
Senhoras e senhores. Ponha a mão no _____		
Senhoras e senhores. Pulem num pé _____		
Senhoras e senhores. Deem uma _____ E vão pro olho da _____!		

A	M	I	Z	A	D	E	E	R	V	D	V	A	H	L
S	I	J	K	A	S	D	E	C	D	V	S	P	F	V
D	M	J	D	H	G	U	Y	O	C	A	S	R	S	C
G	I	J	Q	E	S	C	O	L	A	D	G	E	E	C
H	C	O	H	E	N	A	X	E	N	Y	T	N	W	A
K	A	G	I	Z	Z	C	V	G	T	W	E	D	V	B
O	C	O	D	J	W	A	O	A	I	O	J	E	U	M
P	O	S	S	E	C	O	L	A	G	A	L	R	P	E
W	E	L	A	D	E	I	O	C	A	T	A	W	U	M
A	T	L	E	T	I	S	M	O	S	O	L	A	I	I
J	A	N	G	A	D	A	D	S	E	L	O	S	O	L

Contação de história

Faz-se uma entrevista escrita, para facilitar o processo de sondagem com os alunos e saber quais os seus personagens preferidos, seus brinquedos, seus programas de TV, seus filmes, suas músicas etc. O procedimento a seguir será pesquisar gravuras que simbolizem essas preferências. Em uma caixa pequena, deixam-se as gravuras.

Solicita-se que os alunos fiquem em círculos e que um por um (a partir de uma indicação de quem inicia) retire da caixinha três gravuras. Cada aluno terá a missão de narrar uma história ou um fato para os colegas, usando como base as gravuras escolhidas.

> **Obs.:** *Os alunos poderão trabalhar em duplas, caso não consigam fazer sozinhos a narração da história; assim, ficarão mais à vontade e se divertirão com as histórias criadas por eles.*

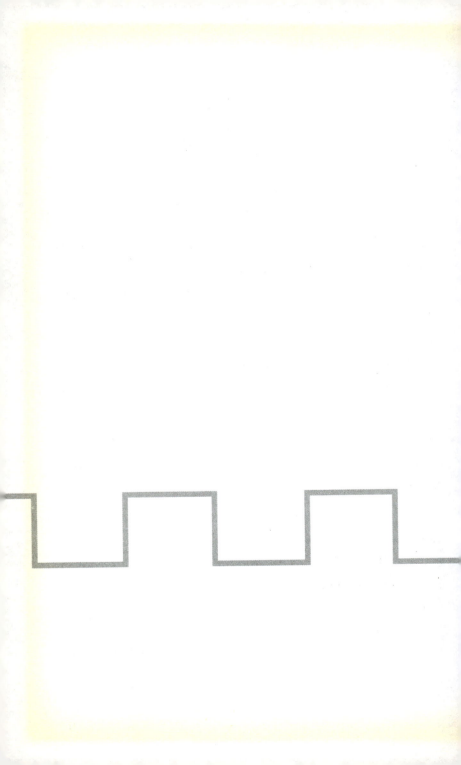

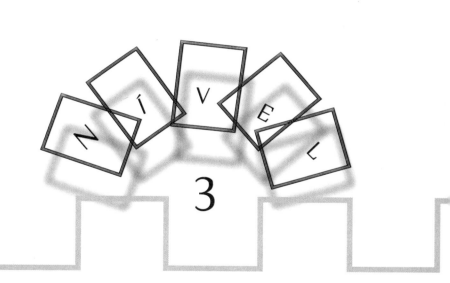

NÍVEL 3

Livro de lendas

Levar para a sala diversas lendas folclóricas como, por exemplo: Curupira, Iara, Saci-Pererê, Boi-Tatá, Lobisomem, Mula sem cabeça, Boto Cor-de-Rosa, entre outras, para que os alunos, em duplas, realizem a leitura e depois troquem as lendas com outras duplas, com o objetivo de ampliar o conhecimento de cada um acerca das histórias que fazem parte da nossa cultura.

Em um segundo momento, os alunos serão incentivados a fazer o reconto oral da história que mais gostaram. De uma maneira espontânea, transmitirão para os outros colegas a lenda que mais lhes chamou a atenção e o porquê da escolha.

No terceiro momento, as crianças farão o reconto por escrito do conto que mais lhes interessou, baseando-se nos conhecimentos adquiridos e também na sua criatividade. Os alunos devem ser incentivados a criar outras histórias a partir daquelas lidas, mantendo a estrutura e as características do gênero[3]. Estas características devem estar claras para os alunos antes da escrita do texto.

---

[3] Lendas são narrativas que inicialmente eram transmitidas de forma oral e, no decorrer do tempo, foram divulgadas. Por isso não existe um autor. As lendas misturam fatos reais e imaginários e procuram explicar acontecimentos misteriosos ou sobrenaturais.

Após a escrita das lendas, os alunos farão a ilustração, baseando-se no texto que escreveram. Todas as histórias produzidas formarão um livro para compor a biblioteca da sala de aula.

Os objetivos dessa atividade são: ampliar os conhecimentos prévios dos alunos em relação à cultura popular – lendas folclóricas; desenvolver a oralidade, a leitura e a escrita dos alunos; incentivar a criatividade por meio da escrita e da ilustração.

Esta atividade deve ser realizada em, no mínimo, cinco aulas de 50 minutos cada, pois os alunos, além de conhecerem as lendas, devem se apropriar das características do gênero. É necessário também um tempo para ser feita a reescrita e a correção dos textos, como também para a ilustração das lendas, a edição e a montagem do livro. Os alunos também devem participar da escolha da capa da obra, valorizando o espírito de democracia na sala de aula.

> **Obs.:** *Também se poderia trabalhar com a cultura popular, por intermédio dos contos e lendas populares nordestinos, escritos por Câmara Cascudo[4], selecionando textos adequados para o nível de desenvolvimento dos alunos. Após a leitura, pode-se promover uma discussão sobre os temas lidos, comparando-os e adequando-os à realidade atual.*

---

[4] Dentre as obras mais conhecidos de Câmara Cascudo podemos citar: *Dicionário do Folclore Brasileiro*. Rio de Janeiro: INL, 1954 [3. ed. 1972]. • *Folclore no Brasil*. Rio de Janeiro: Fundo de Cultura, 1967 [2. ed. Natal: FJA, 1980]. • *Seleta, Luís da Câmara Cascudo*. Rio de Janeiro: José Olímpio, 1967 [org. por Américo de Oliveira Costa – 2. ed. 1972]. • *Coisas que o povo diz*. Rio de Janeiro: Bloch, 1968. • *Civilização e cultura*. 2 vols. Brasília/Rio de Janeiro: MEC/José Olímpio, 1973. • Cf. tb. http://www.memoriaviva.com.br/cascudo/livros.htm

Campeonato de trava-línguas

Primeiramente, procura-se indagar aos alunos se eles conhecem algum trava-língua e por que tem este nome, explicar um pouco sobre a origem. Falar da importância de se valorizar a cultura brasileira por meio deste tipo de manifestação. Caso as crianças saibam alguns trava-línguas é interessante ouvi-las antes de dar início à atividade.

Em seguida, propõe-se um desafio para a turma: escrever alguns trava-línguas no quadro e dar início a um campeonato. Todos os alunos terão três chances para falar corretamente os trava-línguas expostos no quadro; caso o aluno não consiga, este passa a vez para outro. E assim, todos os alunos serão incentivados a falar. O nível de dificuldade vai aumentando à medida do desenvolvimento da atividade. É importante que se faça as devidas intermediações, para que os alunos tenham respeito pela vez e pela voz do colega (só com uma escuta atenta ouvirão e compreenderão os trava-línguas).

De maneira divertida, as crianças conhecerão um pouco mais da cultura popular brasileira e terão a oportunidade de aprender de forma lúdica e animada.

Ao final do campeonato, os alunos serão incentivados a produzir seus próprios trava-línguas, utilizando-se da imaginação e dos conhecimentos que já dispõem, para, em seguida, socializarem com a turma.

Os objetivos dessa atividade são: recuperar a cultura popular e os conhecimentos prévios sobre os trava-línguas; desenvolver a oralidade ao longo do campeonato de trava-línguas; incentivar a leitura e a escrita de diferentes tipos textuais.

De acordo com os *Parâmetros Curriculares Nacionais de Língua Portuguesa*[5], a escola deve oportunizar aos alunos o conhecimento e a valorização da pluralidade cultural brasileira, bem como fazer com que os alunos aprendam a ler, interpretar e escrever diferentes tipos de textos que fazem parte do nosso cotidiano. Baseando-se nisto, estas atividades objetivam o incentivo às manifestações culturais do nosso país, recuperando o folclore brasileiro por meio das lendas e trava-línguas, uma vez que sua importância não pode ser esquecida pelos alunos. Além de conhecerem, saber que também podem transmiti-la para outras pessoas, no decorrer da produção de um livro de lendas e de um campeonato de trava-línguas. Oralidade, leitura e escrita

---

[5] BRASIL. *Parâmetros Curriculares Nacionais de Língua Portuguesa de 1ª à 4ª séries.* Brasília: MEC/SEF, 1997.

devem ser trabalhadas juntamente com o incentivo à criatividade de cada criança, tornando-as autoras e escritoras também.

Trabalhando com histórias em quadrinhos

Iniciar a atividade verificando quem já leu uma história em quadrinhos, qual a sua história preferida, qual personagem que mais chama a atenção. Em seguida, solicitar que alguns alunos contem para os demais colegas sua história preferida, valorizando a oralidade e a participação na frente dos outros colegas.

Depois desse momento de descontração, colocar à disposição revistas em quadrinhos e pedir aos alunos que as leiam e as observem, destacando algumas características desse tipo de texto, como os balões de diálogo, as ilustrações, as características dos personagens, a sequência da história. Pode-se ler uma das histórias para toda turma, enfatizando as falas dos personagens.

Após este momento, dividir a turma em grupos e solicitar que os alunos construam uma história, utilizando-se dos desenhos das revistas para inspirar os seus. Caso os alunos não tenham muito domínio do desenho, podem ser disponibilizadas folhas de papel vegetal para que eles façam o contorno e copiem desenhos das revistinhas, destacando que é um método utilizado por quem está começando a desenhar. Ao término da atividade, pedir que os grupos contem e apresentem a história produzida aos demais colegas da turma. O trabalho em grupo é interessante, pois desta forma alunos poderão trocar opiniões sobre as ilustrações e a própria história criada, além de enfrentar os desafios ao fazer uma atividade coletivamente.

Aproveita-se esta atividade para trabalhar outros aspectos da Língua Portuguesa como, por exemplo, variações linguísticas, tipos de discurso presentes nos balões, onomatopeias – dependendo da escolha das histórias. Os objetivos dessa atividade são: despertar interesse pela leitura e escrita por meio das histórias em quadrinhos; distinguir a fala do narrador e dos personagens no decorrer da história; trabalhar oralidade de uma maneira lúdica e contextualizada com o cotidiano dos alunos.

O trabalho com histórias em quadrinhos desperta o interesse pela leitura, pela escrita e produz novos conhecimentos de maneira prazerosa. É dever da escola propiciar o conhecer e o escrever diversos tipos de textos. As histórias em quadrinhos, além de despertar a imaginação da criança, desenvolvem a criatividade e o pensamento intelectual, de acordo com Gian Danton[6], escritor e roteirista brasileiro de histórias em quadrinhos.

---

[6] Gian Danton, pseudônimo de Ivan Carlo Andrade de Oliveira, autor de várias obras sobre histórias em quadrinhos. Dentre elas citamos: DANTON, G.A. *Difícil arte de escrever quadrinhos.* Curitiba: 1997 [Sequência especial 2]. Cf. tb. DANTON, G.A. *Gibis na sala de aula* [Disponível em http://www.burburinho.com/20051029.html – Acesso em: jul./2011].

O poema em sala de aula

Pode-se iniciar com um recital de alguns poemas, para que os alunos se apropriem da linguagem do gênero. Dividir a turma em duplas e entregar-lhes alguns poemas para que leiam e realizem a interpretação da forma que quiserem (pois cada pessoa tem uma visão diferente do que está escrito). Em seguida, fazer o registro das impressões por escrito, como: O que você entendeu do poema? Que assunto está abordando? Este poema o fez lembrar-se de outra situação? O que você entendeu com determinada frase citada no poema?

Em um segundo momento da atividade, incentivar os alunos a escrever pequenos versos para os outros colegas e montar um mural na sala de aula, no qual os alunos tenham livre acesso, tanto para deixarem seus recados quanto para pegarem aqueles que lhes forem destinados.

Nesse mural, também pode ser fixado um poema diferente toda semana – nesse caso, estimular as crianças a deixarem suas impressões, opiniões, expectativas, incentivando tanto o hábito da leitura quanto o da escrita e da interpretação poética.

> *Esta atividade pode ter vários desdobramentos: pode-se apresentar um poema para a turma e pedir a interpretação por meio de um desenho, uma dança, uma peça teatral, desenvolvendo não apenas a sensibilidade do educando para este gênero, mas também a sua criatividade.*

Seus objetivos podem ser assim descritos: desenvolver o senso poético; trabalhar com a oralidade no decorrer da leitura de poemas; despertar o interesse por esse gênero textual; incentivar a leitura, a escrita e a interpretação em sala de aula.

Apesar de o poema ser um gênero distante da sala de aula, pois muitos o consideram difícil de ser trabalhado, esse não pode ser esquecido. O poema contribui para uma maior compreensão de textos, ele sensibiliza o leitor. Mas, para isso, é preciso que se tenha o hábito de ler poemas e consiga despertar o interesse dos alunos, para não se prender apenas às formas, estruturas, estrofes, rimas e aos versos. Todos podem escrever poemas; portanto, é necessário dar oportunidades aos alunos para usarem da fantasia, da sensibilidade, da criatividade, da imaginação contribuindo com o processo de ensino-aprendizagem deles.

Trabalhando com rimas

Esta atividade terá início a partir da escuta da música *Aquarela*, de Toquinho. No primeiro momento, colocar o som e pedir que as crianças escutem sem nenhuma preocupação, sem nenhuma atividade predeterminada.

Em seguida, motivar uma discussão sobre o que os alunos escutaram; a parte que mais gostaram; se necessário, colocar a música mais uma vez para as crianças ouvirem. Disponibilizar a letra aos alunos e solicitar que, em duplas, leiam e identifiquem as rimas existentes.

Pedir que pensem e escrevam outras rimas que possam compor a música, sem se preocuparem muito com o ritmo, mas com a poesia que a canção tem. Todas as duplas serão incentivadas a falar das rimas que escolheram para os outros colegas de turma.

Para encerrar a atividade, colocar a música novamente e pedir que as crianças desenhem o que estão ouvindo, despertando assim a imaginação e criatividade delas. Com os desenhos e as rimas produzidas pelos alunos, pode-se fixar o resultado final da atividade num mural da sala de aula, expondo a arte dos alunos.

> *É interessante, no momento da escrita de rimas, que os alunos trabalhem em duplas para um ajudar ao outro, mas na hora da ilustração é importante o trabalho individual para valorizar a criatividade de cada educando.*

Uma variação desta atividade é apagar algumas palavras da letra da música e pedir que os alunos completem formando novas rimas. Pode ser solicitado também que as crianças, em duplas, escrevam o trecho da música que mais gostaram e expliquem o motivo da escolha.

Os objetivos dessa atividade são: desenvolver a oralidade, a leitura e a escrita por meio da música; estimular a imaginação e a criatividade; despertar a sensibilidade por meio da canção. É interessante o trabalho em duplas, pois, assim, um ajuda o outro no processo de desenvolvimento e aprendizagem da leitura e escrita; além disso, aprende-se a aceitar a opinião de outras pessoas realizando o trabalho em grupo.

Esta música é apenas uma sugestão; outra pode ser escolhida. Os alunos também poderiam criar a sua própria música, para estimular a criatividade, ou relacioná-la com temas estudados em sala de aula. Também pode ser solicitado que os alunos criem rimas e a partir destas formem uma música, sem a preocupação com os possíveis erros de escrita no momento da atividade, pois estes seriam corrigidos coletivamente, com a participação de todos os alunos, em outra ocasião.

Hino Nacional em sala de aula

É interessante iniciar escutando o Hino Nacional. Ao mesmo tempo, entrega-se cópia da letra para que se possa fazer o acompanhamento. Pode-se ter uma conversa sobre a letra do hino: O que entenderam? O que sentiram ao ouvir esta música na sala de aula? Qual a parte mais interessante? Pedir que destaquem as palavras e expressões que desconhecem e busquem o seu significado no dicionário.

Pedir para que as crianças socializem suas descobertas sobre as palavras e expressões para os outros colegas. Depois de saberem o significado, é interessante cantar, agora com um novo olhar, a letra do hino. Em seguida, pedir que escrevam sobre o seu sentimento ao descobrirem o significado das expressões contidas no texto. Pode-se trabalhar também com o texto lacunado, solicitando que os alunos completem as palavras ou expressões que estão faltando.

> *Para anos mais avançados pode ser solicitado que ordenem as expressões do hino e localizem os sujeitos, identifiquem os adjetivos, busquem sinônimos ou antônimos, ou seja, uma forma de trabalhar a gramática contextualizada, dinâmica.*

> *Caso a escola não possua um hino, os alunos podem trabalhar coletivamente na composição de um. Para os anos iniciais pode-se trabalhar com o Hino Nacional em forma de cartazes, mostrando a letra ilustrada para que as crianças compreendam melhor.*

Os objetivos dessa atividade são: despertar o interesse e a valorização por um dos símbolos nacionais; desenvolver a leitura, a escrita e a oralidade por meio da interpretação do Hino Nacional; incentivar a composição do hino da própria escola e desenvolver nas crianças o sentimento de respeito à pátria, à terra em que nasceram.

O processo de aquisição da leitura e da escrita não se limita apenas ao domínio cognitivo destas habilidades. Segundo Emília Ferreiro[7], o desenvolvimento da escrita ocorre na interação sociocultural que o indivíduo tem com a leitura e a escrita, pois estas habilidades estão presentes em seu meio antes mesmo de dominá-las. Proporcionar o desenvolvimento dessas capacidades é responsabilidade da escola, mas esta tarefa pode se tornar mais prazerosa para as crianças por intermédio da arte, como defende a LDB (Lei 9.394/96), que determina que esta esteja presente no currículo do Ensino Fundamental, seja pela dança, música ou pelo teatro. A arte tem, juntamente com as outras disciplinas, a responsabilidade de educar.

---

[7] FERREIRO, E. *Reflexões sobre alfabetização*. São Paulo: Cortez/Autores Associados, 1985.

Fábulas

Iniciar a atividade contando uma fábula (de Esopo, de La Fontaine ou outra). Em seguida, indagar se os alunos já ouviram este tipo de história, se sabem qual é o gênero textual. Em resposta afirmativa, relembrar as características desse texto. Caso elas o desconheçam, citá-las: os personagens geralmente são animais ou objetos que assumem características humanas; é um texto narrativo, portanto tem começo, clímax e desfecho; é composto por uma moral, que pode vir no próprio texto ou de forma isolada[8].

Feito isto, pedir que os alunos escolham algumas das fábulas disponibilizadas e realizem a leitura, na sala de aula, em duplas ou individualmente. Ao término, solicitar que os educandos socializem as histórias lidas, identificando os valores morais e éticos nelas presentes.

Para finalizar a atividade, propor a escrita de um texto coletivo, incentivando a participação de todos os alunos.

---

[8] Cf. SCHNEUWLY, B. & DOLZ, J. *Os gêneros escolares:* das práticas de linguagem aos objetos de ensino [Disponível em http://escrevendo.cenpec.org.br/ecf/index.php?option=com_content&task=view&id=159&Itemid=9 – Acesso em jul./2011].

Pode-se oferecer sugestões para os personagens e realizar uma rápida votação para dar início à história. A continuação da fábula ficaria por conta dos alunos, e cada um iria contribuir da sua maneira, mantendo-se a estrutura do gênero trabalhado. Em seguida, solicitar que cada educando (re)escreva a fábula.

Esta atividade tem por objetivos identificar os valores morais apresentados neste tipo de texto, trabalhar a oralidade por meio do reconto da fábula, promover um momento prazeroso de leitura e escrita em sala de aula, desenvolver a imaginação e a criatividade dos alunos ao longo da produção textual.

Existem outras maneiras de se realizar a atividade: ao invés de fazê-la em apenas uma aula, pode-se trabalhá-la em uma semana, ou até mesmo em um mês, ampliando o conhecimento dos alunos. A cada dia uma fábula pode ser lida em sala de aula. Solicita-se, ao final, uma apresentação teatral daquela que mais interessou à turma, ou pode ser realizada uma exposição com reescritas e desenhos. Estas são algumas maneiras de mostrar o trabalho realizado em sala de aula para a comunidade escolar.

Produzindo cartaz

Levar para a sala de aula diversos tipos de cartazes: campanhas de combate a alguma doença; publicitários (venda de produtos); avisos (serviços públicos, festas ou passeios) etc. Em seguida, indagar aos alunos sobre qual é a função de um cartaz, promovendo uma discussão sobre os seus diferentes tipos.

Aproveitar o momento para caracterizar esse gênero – que é muito comum em nossa sociedade. Deixar claro que o cartaz tem a finalidade de informar, instruir ou convencer o leitor sobre algum assunto; a linguagem utilizada é a formal, mas acessível para todas as pessoas, pois o público-alvo é bem diferenciado. Pode ter texto ou apenas imagens; caso tenha texto, esse deve ser curto e objetivo, com letras visíveis, para que possa ser feita uma leitura rápida.

Em um segundo momento da atividade, dividir os alunos em duplas e solicitar que observem dois cartazes e anotem as semelhanças e diferenças existentes entre eles. Em seguida, façam a socialização para toda a turma, para que todos participem e interajam. Com esta atividade, espera-se que as crianças observem e reflitam, para que depois elaborem cartazes de acordo com as características desse gênero textual.

Depois, separar a turma em grupos com quatro alunos e propor que escolham um tema para elaboração do cartaz: respeito aos colegas; limpeza do ambiente escolar; zelo pelo material didático etc. Pode-se dar um roteiro para esta produção, contendo os principais elementos desse gênero textual: título, assunto que será abordado, cor e tipo de letra, informações principais. Com os trabalhos prontos, pode ser realizada uma exposição na própria sala de aula ou em outro ambiente escolar.

Os objetivos da atividade são: conhecer e produzir cartazes, levando em consideração as características desse gênero textual; expressar-se oralmente expondo seus conhecimentos prévios; trabalhar a leitura e a escrita de cartazes em sala de aula.

> *Podem ser sugeridos outros temas para elaboração dos cartazes, tais como: divulgação de festas na escola, prevenção de doenças, divulgação de atividades da cidade ou bairro etc. É preciso também disponibilizar materiais variados para a elaboração dos cartazes: cartolinas, canetas piloto, tesouras, colas, revistas etc.*

Segundo Ferreiro e Teberosky[9], antes da sua entrada para a escola, os alunos já têm construções mentais sobre a leitura e a escrita e não se limitam a receber passivamente os conhecimentos. Portanto, trabalhar com diferentes gêneros textuais ajuda-os a ter mais interesse por seu processo de aprendizagem, como também permite o desenvolvimento da imaginação, criatividade e expressão de suas ideias por meio da leitura e da escrita. A diversidade do trabalho em sala de aula possibilita também o desenvolvimento da autonomia dos educandos, pois, entrando em contato com diferentes gêneros, eles aprendem quando e como usá-los, em direção a um verdadeiro letramento[10].

[9] FERREIRO, E. & TEBEROSKY, A. *Psicogênese da língua escrita*. Porto Alegre: Artes Médicas, 1986.

[10] SOARES, M. *Letramento*: um tema em três gêneros. 2. ed. Belo Horizonte: Autêntica, 2000.

Convite

Para iniciar a atividade, levar para a sala de aula variados tipos de convites: casamento, aniversário, formatura, eventos diversos. Em seguida, solicitar que os alunos observem e analisem as características comuns entre eles. Fazer algumas indagações: Como se chama este gênero textual? Quais as informações presentes em um convite? Qual a função social do gênero textual? É necessário ter imagens? Qual a relação da imagem com o texto?

A discussão deve ser encaminhada de maneira que os alunos compreendam a importância das informações contidas no convite e como, por exemplo, quem está convidando, o dia, a hora, o local, o tipo de traje, se é necessário apresentar o convite no dia do evento etc.

Ao término da discussão, sugerir aos alunos que pensem nos próximos eventos que acontecerão na escola, como o dia dos pais, o dia das crianças, a feira cultural, a semana da pátria, e elaborem convites para alunos de outra escola ou da rua em que moram, observando a linguagem que será utilizada: menos formal (se for para um amigo ou pessoa próxima) ou mais formal, mais elaborada (se for alguém que não se conhece ou uma autoridade).

Os convites produzidos pelos alunos podem ser expostos. Pode-se realizar uma votação em sala para que eles mesmos escolham o convite oficial do evento que será realizado na escola.

Além de identificar diversos modelos de convite, essa atividade objetiva reconhecer a função social da escrita de um convite, observar e interpretar o gênero trabalhado, e elaborar e escrever um convite.

Quando se compreende a função social da leitura e da escrita nas atividades propostas, estas se tornam mais interessantes, significativas e prazerosas. Não basta ensinar a ler e a escrever, é necessário inserir os alunos no mundo letrado, para que façam uso destas competências na sua vida em sociedade. O trabalho com gêneros textuais permite esta inserção de uma forma interativa, capaz de desenvolver as habilidades para a participação ativa do mundo da leitura e da escrita. Para Schneuwly e Dolz[11], a escola sempre trabalhou com os gêneros escolares, mas atualmente é importante fazer com que a aprendizagem destes gêneros que circulam fora da escola seja significativa para o aluno e contribua para um domínio efetivo da língua, possibilitando seu uso adequado, dentro e fora do espaço escolar.

---

[11] Cf. SCHNEUWLY, B. & DOLZ, J. *Os gêneros escolares:* das práticas de linguagem aos objetos de ensino [Disponível em http://escrevendo.cenpec.org.br/ecf/index. php?option=com_content&task=view&id=159&Itemid=9 – Acesso em jul./2011].

Classificados de um jornal

No primeiro momento da atividade deve ser realizada a leitura do portador do texto que traz este gênero, o jornal, para que as crianças percebam que os classificados fazem parte de um conjunto de cadernos: notícias, artigos, informações, que compõem o jornal.

Em seguida, depois do contato com diversos tipos de classificados – venda de imóveis, carros, prestação de algum serviço – indagar: Qual a função deste tipo de caderno? Qual a linguagem utilizada nestes anúncios? Quem lê os classificados? As pessoas leem o caderno inteiro, ou só uma parte?

Durante as perguntas, caso não seja comentado pelos alunos, ressaltar que o caderno de classificados é um texto que tem como objetivo a publicidade de algum produto, como uma casa, um carro, celular, com o intuito de convencer o leitor quanto à compra da mercadoria. Portanto sua linguagem deve ser objetiva, reduzida e, na maioria das vezes, utiliza-se abreviações. Os cadernos de classificados são divididos em seções para facilitar a localização do produto que o interessado está buscando.

Após os questionamentos, distribuir os classificados entre os alunos e pedir que leiam para os outros colegas, incluindo as palavras abreviadas. Espera-se que os alunos percebam que, mesmo com diversas abreviaturas, a leitura do texto torna-se possível, pois as letras utilizadas para representar certas palavras dão as dicas para lermos com fluidez e entendermos a mensagem.

Após ter sido realizada a leitura e a discussão do gênero em questão, para apropriação da sua função social e de suas características, é importante trabalhar a produção textual. Pode-se formar grupos e entregar para cada um deles um produto (ou a imagem deste) e solicitar que elaborem um anúncio de classificados, apropriando-se da linguagem adequada para chamar a atenção do leitor, incluindo os adjetivos para valorizar o produto que será vendido, sem esquecer-se das abreviações que também caracterizam o gênero.

Essa atividade pode ser trabalhada em outros níveis de ensino, inclusive no Ensino Médio, o que vai mudar é a abordagem e o aprofundamento do gênero. Ela se tornará mais significativa com a versão impressa dos classificados, se na escola os alunos tiverem acesso ao laboratório de informática. Nesse caso, pode-se trabalhar com a versão on-line.

Além de desenvolver a oralidade por meio da leitura de anúncios dos classificados, outros objetivos podem ser citados para essa atividade: identificar a finalidade de textos do gênero classificados, reconhecer palavras abreviadas e apropriar-se destas no momento da leitura, produzir anúncios dos classificados, empregando as características desse gênero textual.

Fazer uso da linguagem cotidiana dos alunos em sala de aula é enriquecer a prática pedagógica e tornar o processo de ensino-aprendizagem mais dinâmico e interessante para o aluno. Utilizar diferentes gêneros textuais e portadores de textos é ampliar o conhecimento do aluno de forma natural, simples e interativa. Segundo Vânia Duarte[12] é de fundamental importância fazer com que os alunos se apropriem do caráter funcional da língua, e, sendo assim, torna-se bastante proveitoso promover momentos de maior interatividade com textos retratados pela mídia, contidos em jornais, internet, revistas, dentre outros.

---

[12] DUARTE, V. *Trabalhando com classificados* [Disponível em http://educador. brasilescola.com/estrategias-ensino/trabalhando-com-classificados.htm – Acesso em: jul./2011]. Cf. MELO, I.F. *Para vender, trocar, procurar*: classificados de jornal [Disponível em http://conhecimentopratico.uol.com.br/linguaportuguesa/gramatica-ortografia/17/artigo134903-1.asp – Acesso em: jul./2011].

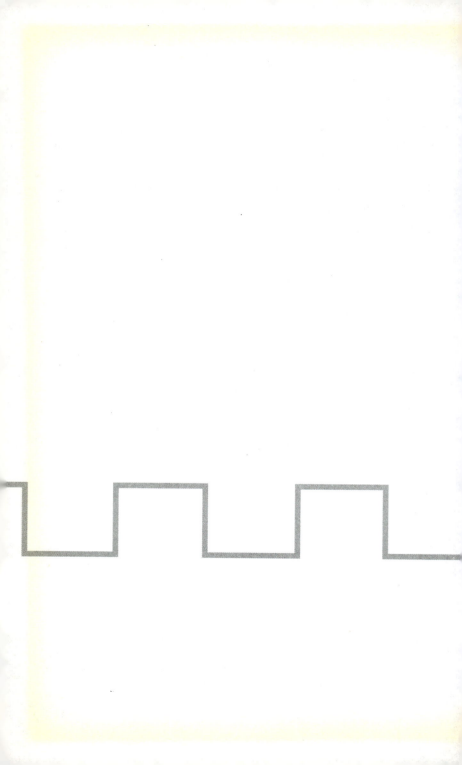

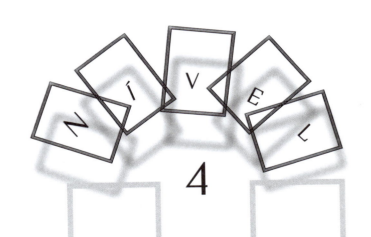

Trabalhando com tirinhas e histórias em quadrinhos

Num primeiro momento, realiza-se uma breve conversa sobre o tipo de texto (histórias em quadrinhos), ressaltando sobre a sua estrutura e suas características. É importante que esta apresentação seja feita junto com a visualização do material concreto (diversas revistas em quadrinhos), dessa forma possibilita um melhor entendimento e apropriação do assunto por parte do aluno.

Feitas as apresentações, divide-se a turma em pequenos grupos, e orienta-se para que realizem uma atividade prática de criação de uma tirinha em quadrinhos. Será entregue a cada grupo uma cartolina, canetinhas do tipo *hidrocor* e lápis de cor, além de um exemplar de história em quadrinhos para uma eventual consulta da organização e da estrutura. Em seguida, incentiva-se os grupos a produzirem uma tirinha em quadrinhos, ressaltando que deverá ser uma produção nova, não podendo ser de algum personagem que já exista. Os alunos também serão responsáveis pelas ilustrações e enredo da tirinha. Ao término das produções cada grupo fará a socialização de sua tirinha realizando a apresentação e a leitura da mesma. É importante ressaltar que durante toda a atividade de criação deve-se acompanhar e orientar o trabalho realizado pelos alunos.

Esta atividade busca trabalhar conjuntamente oralidade, leitura e escrita. A linguagem oral está presente no momento de socialização das produções, quando os alunos falarão sobre o assunto/tema de que trata a tirinha do grupo, quais os personagens e etc.; já a leitura ocorre no momento de socializar a produção para a turma, trabalhando com a compreensão e a interpretação. Quanto à escrita, ela é utilizada na produção dos diálogos dos personagens da tirinha. Outro objetivo da atividade é apresentar um tipo de portador de texto que trabalha com a linguagem informal. Por meio desta atividade, pode-se trabalhar com um elemento fundamental na produção de um texto escrito: a finalidade (para quem se escreve? / a que tipo de leitor o texto está destinado?), assim os alunos poderão compreender que o ato de escrever não ocorre por si só de maneira isolada, mas que ele é ligado ao contexto da mensagem a ser transmitida. Esta atividade pode, ainda, ser realizada abordando-se e discutindo-se temas reflexivos (política, problemas sociais, violência, inclusão, dentre outros) – esses temas permitem que o aluno desenvolva sua criticidade acerca de situações cotidianas.

130

"Teia de ideias" com o uso de vídeos que abordem temáticas atuais

Nesta atividade pode-se realizar uma breve investigação acerca de temas atuais que poderiam ser trabalhados em sala (ciência, curiosidades, ecologia, degradação ambiental, fatos e feitos históricos, dentre outros). É interessante que a escolha aconteça com a participação dos alunos, despertando o interesse deles para a realização da atividade.

Escolhida a temática, procura-se um vídeo que trate do assunto escolhido – pode-se utilizar os sites de busca na internet, mas vale ressaltar que deve-se estar atento ao conteúdo vinculado e à legitimidade do material encontrado.

Em seguida, realiza-se a exibição do vídeo para toda a sala (utilizando os recursos audiovisuais), pois é a partir da observação do vídeo que a atividade em si será possível. Num primeiro momento, divide-se as turmas em pequenos grupos, em seguida distribui-se o material que será utilizado: cartolina ou papel madeira e canetinhas do tipo *hidrocor*.

A partir do que foi visto no texto, solicita-se aos alunos que construam na cartolina uma "teia de ideias", que consiste em escrever outros assuntos e outras situações que possam surgir ou que estão diretamente relacionados com o tema central do vídeo apresentado.

Ao término da construção das teias, todos voltarão a se reunir no grande grupo para a visualização e socialização de todas as teias produzidas. É neste momento que se pode iniciar uma discussão acerca dos pontos citados pelos grupos, questionando-os sobre quais as ideias e conclusões que os levaram a apontar aqueles pontos na teia.

A partir do que foi proposto, pode-se observar que ocorre um trabalho conjunto com a oralidade, a leitura e a escrita, contudo a oralidade e a leitura são as mais incentivadas. A leitura está presente na visualização do vídeo, cuja compreensão de sua mensagem vincula-se à leitura das imagens e da compreensão do contexto. Já a oralidade, apresenta-se no momento de socialização das "teias" e dos questionamentos feitos, acerca das hipóteses formuladas a respeito do tema central do vídeo apresentado. Também não podemos deixar de fazer a seguinte observação: no contato com o vídeo, os alunos poderão ter uma proximidade com uma linguagem mais formal, técnica e até mesmo científica. No momento de socialização das teias é importante a mediação docente para que os alunos respeitem e valorizem as colocações de cada grupo, bem como para que reconheçam quais as influências que essas colocações podem exercer sobre seu ponto de vista.

O uso de notícias de jornal

Para a realização desta atividade, primeiramente solicita-se aos alunos que realizem uma pesquisa, em casa, buscando em jornais algumas notícias de seu interesse e tragam-nas para a aula seguinte. De porte das notícias, trabalha-se, inicialmente, com uma explicação acerca de todos os elementos que constituem uma notícia (título, lide e corpo do texto)[13]; é interessante que, nesse momento, os alunos busquem esses elementos nas notícias trazidas de casa. A partir dessa prévia apresentação do gênero textual, incentiva-se os alunos a criarem uma notícia para um famoso jornal da cidade, chamando atenção para que todos os elementos constitutivos do gênero notícia estejam presentes no texto. Ao final das produções, o professor deve propor que cada aluno socialize sua notícia com o

---

[13] **Título** – é o anúncio da notícia; de forma resumida, apresenta o essencial do acontecimento a ser noticiado; **lide** – é o sumário do acontecimento, onde se apresenta o fato e o desfecho da ocorrência, não se preocupando muito com a ordem cronológica dos fatos; **corpo do texto** – é o desenvolvimento da lide, detalhando os fatos em ordem cronológica. Cf. NORBERTO, N. *Jornalismo para principiantes*. Rio de Janeiro, Ediouro/Tecnoprint, 1978. • BRONCKART, J.-P. *Atividade de linguagem, textos e discursos*: por um interacionismo sociodiscursivo. São Paulo: Educ, 2003, p. 237-259. • SCHNEUWLY, B. & DOLZ, J. *Gêneros orais e escritos na escola*. São Paulo: Mercado de Letras, 2004.

resto da turma, lendo-a para todos, e a atividade poderá ter um encerramento com a escolha da melhor notícia ou com a publicação das melhores notícias no jornal da classe ou da escola.

O foco desta atividade está na produção escrita, com a criação de uma notícia a ser publicada em um jornal. Vale chamar a atenção para o tipo de linguagem que será utilizada neste tipo de texto (uma linguagem bastante formal), pois um jornal é lido por um grande número de pessoas. Outro ponto trabalhado está ligado à obrigatoriedade de seguir uma estrutura no texto produzido, que possui elementos indispensáveis para sua construção. A oralidade também está presente, e ocorre no momento de socialização das notícias produzidas. Vale ressaltar que esta atividade pode assumir um caráter mais amplo, notadamente quando essas notícias abordam situações que incentivem um posicionamento crítico e reflexivo do aluno.

Produzindo paródias musicais

Esta atividade pode ser bem flexível, uma vez que se tem a oportunidade de utilizar diversos tipos de músicas como canções de roda, cantigas populares, músicas de desenhos animados etc.

É importante que os alunos conheçam a música escolhida, pois o conhecer da melodia ajuda bastante na realização da paródia. Após a escolha da música, deve-se dividir as estrofes em partes iguais. Em seguida a turma será disposta em pequenos grupos, e cada grupo ficará responsável por parodiar uma parte da música e no final todas as partes serão unidas para, então, formar a paródia final.

O grande desafio é conseguir escrever a paródia a partir do que foi formado pelos grupos. Ao final, escreve-se a música base e a paródia feita no quadro, e pede-se aos alunos que analisem quais modificações foram feitas (novas palavras, novas rimas). Ao final, incentivar para que os alunos cantem a paródia produzida em coro.

O trabalho principal desta atividade consiste na leitura e na oralidade; a leitura ocorre no decorrer da leitura da música, na modificação de suas estrofes (inclusão de novas palavras, novas rimas etc.) e a oralidade consiste na atividade de cantá-la. As tarefas que envolvem o cantar são bastante importantes para a promoção e o aprimoramento dos mecanismos da fala e de pronunciação correta das palavras como também para o enriquecimento do vocabulário do aluno.

A música anima o coração,
a dança movimenta o salão
no ritmo do meu violão.

Propaganda da invenção

Antes de propor a atividade é necessário que se apresente aos alunos este gênero textual, destacando quais seus elementos e suas características[14]. É interessante que se traga para a sala de aula diferentes tipos de propaganda (encartes, panfletos, *outdoors*, propagandas televisivas em vídeo etc.).

Logo após esse momento, terá início a atividade em si, ao ser lançada a seguinte proposta: imagine que você criou um produto que mudará a história do Planeta Terra e você precisa vendê-lo o mais rápido possível.

Em seguida, os alunos se dividem em grupos e formulam uma propaganda para um panfleto ou revista, e uma para a televisão. Ao término da atividade, os alunos apresentarão as propagandas produzidas para toda a turma (podem ser utilizados recursos de áudio e vídeo: uma boa

---

[14] O gênero propaganda envolve, principalmente: a) preparação para a produção; b) utilização de estratégias argumentativas; c) consideração sobre o interlocutor; d) simulação de ambiente real de produção; e) observação dos elementos do gênero textual. Cf. SCHNEUWLY, B. & DOLZ, J. *Gêneros orais e escritos na escola.* São Paulo: Mercado de Letras, 2004.

sugestão é realizar está atividade no laboratório de informática, por meio de *softwares* de edição de imagens).

O trabalho está voltado para o desenvolvimento da oralidade, a partir da atividade de apresentação do produto por intermédio do tipo de texto. É importante salientar que, ao longo dessa atividade, pode-se trabalhar com uma característica importante da linguagem oral: trata-se da utilização da formalidade ou informalidade da fala (isto dependerá do tipo de produto anunciado, do público-alvo, da importância do produto, dentre outros aspectos). Esta situação também poderá ser evidenciada na produção escrita da propaganda para um panfleto ou revista. Outra possibilidade de se trabalhar com esta atividade, de forma mais abrangente, é realizar uma comparação entre os valores presentes nas relações entre fornecedores de um produto e sua clientela, seja quanto à veracidade do produto, qualidade, utilidade, ou quanto aos benefícios vinculados a sua utilização etc.

"Júri simulado": promovendo debates

Esta atividade consiste na promoção de uma discussão (debate) sobre um tema predeterminado. A problemática que será tratada pode ser escolhida juntamente com os alunos para dar vazão aos seus interesses.

Divide-se a turma em dois grupos, um dos quais irá assumir uma posição de defesa (a favor) e o outro de acusação (contra). Ambos os grupos devem expor suas ideias e argumentos defendendo-os e justificando-os. Em seguida, pode-se promover a inversão dos papéis, para que cada equipe pense em novas estratégias e argumentos, ainda sobre a mesma problemática. A sala pode ser organizada, dispondo-se de acordo como ocorre em um tribunal, no qual a defesa e a acusação estão em lados opostos e paralelamente dispostos.

O foco da atividade está no desenvolvimento da capacidade de argumentação e formulação de estratégias, ambas as ações fazem parte do eixo da oralidade. Outro ponto importante é que nesta atividade, devido ao tipo de situação representada (júri simulado), admite apenas o uso da linguagem formal. Como sugestão, pode-se escolher temas que solicitem a formação de juízo de valores.

Outdoor

O *outdoor* é um tipo de propaganda que une elementos visuais com textos. Esta é mais uma atividade que pode ser realizada no laboratório de informática, iniciando-se com uma pesquisa na internet sobre o que é um *outdoor*, os tipos existentes, as formas de utilização, dentre outros.

Uma vez feita a pesquisa, os alunos poderão se organizar em duplas, para que pensem em um produto, suas características e utilidades. Em seguida, irão confeccionar um mini-*outdoor* do produto escolhido. Após a produção, os alunos poderão realizar a apresentação da propaganda para toda a turma (uma sugestão é procurar organizar as apresentações em *slides – power point*).

A produção de um *outdoor* trabalha, principalmente, com a capacidade técnica de produção da língua escrita, pois o diferencial desse gênero textual está na necessidade de utilizar um texto curto, claro e objetivo, vinculado a uma ilustração, que permita ao leitor uma compreensão imediata da mensagem. É interessante envolver os alunos em situações mais formais como, por exemplo, sugerir que produzam *outdoors* para campanhas políticas (eleições), campanhas de saúde, dentre outras.

Peça teatral

Esta atividade pode ocorrer a partir de várias propostas; uma delas é ter como base a contação de uma história, uma vez que os alunos de uma turma de 4º ano já estão em uma faixa etária em que se espera dominarem um bom nível de interpretação/compreensão textual. Por isso, pode-se escolher histórias mais longas, com um enredo bem-elaborado, ricas em fatos e personagens.

O texto utilizado também pode estar vinculado a conteúdos trabalhados em outras disciplinas, e isso possibilita trabalhar interdisciplinarmente. Escolhida a história, inicia-se a contação para a turma; em seguida, os alunos são incentivados a recorrerem aos fatos narrados, aos personagens, aos ambientes etc., e, então, inicia-se a distribuição dos papéis. Em seguida, ocorre o ensaio e a dramatização da narrativa.

A realização de uma dramatização permite trabalhar principalmente o desenvolvimento da expressão linguística oral e da expressão corporal. A atividade de representação exige do aluno uma coordenação entre o que é dito (o que se fala) e os movimentos que o corpo realiza (expressão facial, gestos das mãos, maneira de caminhar etc.). Os materiais utilizados poderão ser produzidos a partir da escolha da história e com base na necessidade de utilização.

Produção de texto a partir de palavras-chave

Nesta atividade, inicia-se tendo uma breve conversa com os alunos sobre um assunto de livre escolha (uma atualidade, uma notícia importante, uma curiosidade etc.). A partir da conversa com os alunos pode-se destacar no quadro algumas palavras-chave a respeito do assunto. Em seguida, os alunos são incentivados a produzirem um texto que contenha as palavras-chave e aborde a temática discutida na conversa inicial. Finaliza-se a atividade com um incentivo a socializarem suas produções com toda a turma.

O foco desta atividade está na produção escrita dos alunos, utilizando o uso de palavras-chave a partir de um texto gerador previamente abordado.

Produção de dicionário de variações linguísticas

Nesta atividade tem-se a oportunidade de trabalhar com a diversidade cultural e linguística do povo brasileiro. Inicia-se o assunto com uma conversa (e, nesse momento, pode-se trazer para a sala exemplos de diferentes expressões e palavras, que se modificam de acordo com os regionalismos).

Outro meio de exemplificar essas variações é por intermédio da visualização do dicionário de expressões cearenses – *"cearês"* (dicionário que reúne todos os regionalismos e as variações linguísticas do Ceará).

A partir daí, pode-se propor aos alunos que façam uma pesquisa, em casa, com seus familiares e com a comunidade, para registrarem o maior número de variações, e tragam-nas na aula seguinte. A atividade consiste na análise dos significados das palavras e das modificações por elas sofridas. Também pode-se orientar os alunos a relacionarem as variações encontradas com a forma original das palavras ou expressões pesquisadas.

O foco desta atividade está na oralidade e na escrita das palavras pesquisadas. Este trabalho é importante para que os alunos conheçam os tipos de variações linguísticas de nossa região.

Os alunos poderiam confeccionar os seus dicionários com as palavras encontradas nas atividades, nos textos, em materiais diversos. Em um caderno, registrariam os significados de cada palavra selecionada. Isso possibilita a troca de informações com os colegas. Também pode ser feita em conjunto, inclusive com o auxílio de suas famílias, registrando o significado das palavras do universo vocabular da região.

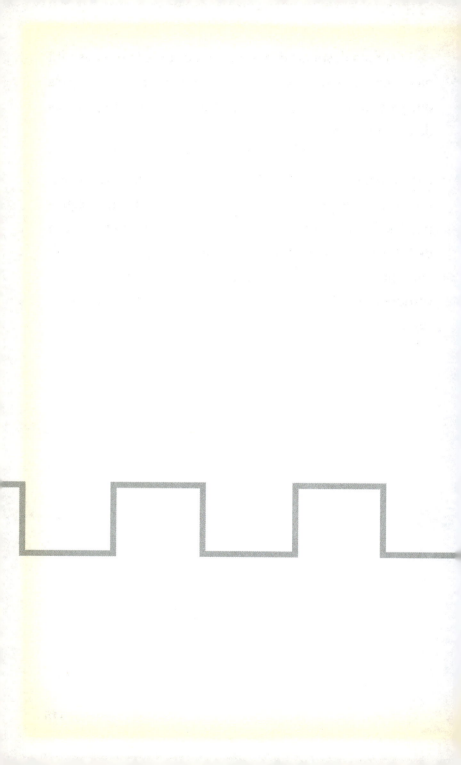

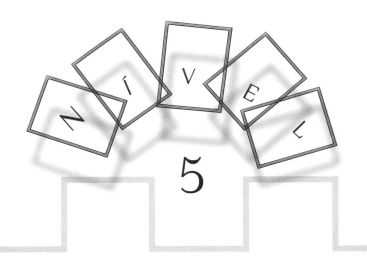

NÍVEL 5

Fanzine: um instrumento de reflexão

No início da atividade é interessante mostrar aos alunos diversos exemplares de fanzines para que eles possam se familiarizar com este meio de comunicação. É importante, antes de começar a atividade, dividir a turma em duplas para a realização dos fanzines e orientar para que os alunos adotem uma postura crítica em relação a esse gênero.

Quando as duplas já estiverem formadas, o professor organizará no quadro uma lista dos temas que os alunos desejam abordar nos fanzines, ou que fazem parte do cotidiano deles, e os alunos selecionarão os temas que mais se identificarem. É aconselhado que as duplas não escolham temas já utilizados por outros alunos para que no fim da produção os fanzines sejam diversificados e atendam a todos os temas solicitados.

Alguns temas como sexualidade, preconceito racial, drogas, violência, novas tecnologias, dentre outros, podem surgir, e é essencial que se esclareçam as dúvidas dos alunos e se separe um momento para cada dupla, visando acompanhar a produção reflexiva e crítica dos participantes.

Solicita-se que os alunos pesquisem, em casa ou na biblioteca da escola, sobre os temas escolhidos, anotem seus questionamentos, organizem recortes de revistas e/ou desenhos produzidos por eles próprios, e tragam todo o material selecionado na aula seguinte, para, com base nesse material, produzir o fanzine.

Em sala de aula, os alunos se organizarão nas mesmas duplas e produzirão o fanzine. É importante que se tenha em mãos revistas, cola, tesouras e folhas ofício, para suprir imprevistos, como o esquecimento dos materiais pelos educandos.

Depois de os fanzines já prontos, socializam-se as produções, de forma a favorecer o debate e a solução dos questionamentos acerca dos temas trabalhados nos fanzines.

Durante o desenvolvimento da atividade deve-se explicar à turma que o fanzine possui um valor cultural, pois se trata de uma publicação que carrega em si valores e temáticas que permeiam a sociedade em que vivemos, como posições políticas, poesia, música, violência, dentre outras, que trazem questionamentos polêmicos e, consequentemente, estimulam a reflexão e o raciocínio crítico em busca de soluções.

A atividade possibilita a liberdade de expressão do aluno em relação aos temas que mais lhe interessam. Também pode desenvolver a criatividade, a postura crítica, a autonomia e o posicionamento reflexivo.

É fundamental ressaltar que o fanzine é uma produção escrita destinada à reflexão de temáticas diversas, numa linguagem mais voltada para os jovens. A escola deve proporcionar tal experiência ao aluno e orientá-lo, pois ao ser inserido na sociedade ele deverá cumprir as diferentes funções comunicativas que a escrita possui (ANTUNES, 2003)[15].

---

[15] Cf. ANTUNES, I. *Aula de Português* – Encontro & interação. São Paulo: Parábola, 2003.

Debate: desenvolvendo argumentos sobre a internet

Para a realização desta atividade e das demais pertencentes ao 5º ano iremos partir dos pressupostos que todos os alunos sabem ler e escrever, e que o facilitador da atividade tem embasamento teórico e vivencial do tema, e, se não o tiver, irá primeiro pesquisar sobre os elementos que compõem a atividade antes de desenvolvê-la.

Ao iniciar a atividade, distribui-se exemplares de um texto que irá ser trabalhado na aula. O texto explicará a função da tecnologia na vida do ser humano, dando ênfase à utilidade da internet, seus pontos positivos e negativos, e a linguagem que é desenvolvida por meio dela, o "internetês".

Após distribuir o texto, incentiva-se a leitura em sala. Assim que os alunos terminarem a leitura, serão divididos em duas grandes equipes. Uma equipe irá questionar a outra, no decorrer das perguntas relacionadas ao texto.

Quando os dois grupos estiverem divididos, serão orientados a fazerem perguntas uns aos outros, e o grupo que for respondendo corretamente, ou se mostrar mais participativo durante a atividade, ganhará pontos. Ao fim da dinâmica os pontos serão somados e a equipe que ganhar dará início ao debate.

O debate deverá ser organizado de tal maneira que cada aluno tenha a oportunidade de se expressar, sendo ouvido e respeitado por todos. Para tanto é necessário um limite de tempo adequado para a quantidade de alunos.

Pode-se utilizar, como elemento questionador, as perguntas utilizadas durante a dinâmica anterior, e relacioná-las com os elementos presentes no cotidiano da sociedade, e poderá utilizar também imagens impressas de *emoticons*[16], para, com isso, trazer mais elementos gráficos ao debate.

Sugere-se que, durante a atividade, utilizem-se questionamentos, tais como: As gírias aplicadas na internet em salas de bate-papo e MSN podem influenciar as redações e os textos formais realizados na escola pelos alunos? (ex.: add = adicionar, bj = beijo, blz = beleza, tudo bem, v6 = vocês etc.). Em qual momento utilizar ou evitar o "internetês?" (deixando clara a distinção entre esses momentos); o que caracteriza uma linguagem? O que é o "internetês?" Que mudanças o "internetês" provocou na escrita? Por que utilizam tantas abreviações no mundo virtual? O "internetês" é moda? Causa perigo ao idioma? É uma nova linguagem? Usar o "internetês" significa renunciar às regras gramaticais? Os emoticons traduzem sentimentos? O "internetês" é utilizado fora da internet? A quantidade de letras digitadas repetidas vezes muda a entonação da palavra, o que ela deseja expressar?...

---

[16] Forma de comunicação pela internet, derivada da junção dos seguintes termos em inglês: *emotion* (emoção) + *icon* (ícone) – em alguns casos, chamado *smiley*. Constitui-se de uma sequência de caracteres tipográficos, tais como: **:)** ou :-); ou, também, uma pequena imagem de expressão facial, que traduz ou transmite o estado psicológico, emotivo, de quem os emprega como, por exemplo: ☺; ☹.

A atividade possibilita aos alunos a leitura, a interpretação textual, o desenvolvimento da oralidade e de argumentos que sustentem um debate. Além de desenvolver a atenção e o respeito à fala do outro, a atividade expõe aos alunos as variadas possibilidades de comunicação por meio da escrita, e em quais momentos o "internetês" ocorre, havendo a diferenciação dessa linguagem para a linguagem formal.

Várias tecnologias não são popularmente conhecidas como "tecnologias". A linguagem, por exemplo, é um caso específico de tecnologia a que, assim como as máquinas, foi criada e desenvolvida pela inteligência e criatividade humana, possibilitando a comunicação entre os homens, possuindo inovações e adaptações (o que originou diversos idiomas), e que ainda está em transformação, buscando melhorias. A linguagem oral é, pois, um tipo de tecnologia que possibilitou ao homem várias conquistas e o desenvolvimento cultural, incluindo a troca de informações e propagação da cultura local[17].

Em nossos tempos surge uma terceira linguagem, a linguagem digital, que mescla características da linguagem oral e escrita. A linguagem digital é dinâmica e descontínua, as informações rompem a barreira do tempo e espaço, viabilizando, assim, comunicações em tempo real, rápida divulgação de notícias de todo o mundo e acesso às informações de variados gêneros[18].

Por isso, é importante observar que as novas tecnologias da informação e da comunicação movimentam as rela-

---

[17] Cf. KENSKI, V.M. *Educação e tecnologias*: o novo ritmo da informação. Campinas: Papirus, 2007.

[18] Ibid.

ções sociais e produtivas, e sua expansão está presente no cotidiano da sociedade, o que a torna um tipo de linguagem que será decifrada e operacionalizada para se obter a interação com as informações, o que traz à tona um novo paradigma de integração social. Com isso, fala-se de letramento digital, que ultrapassa a decodificação do sistema alfabético da escrita e compreende o uso social da mesma, ou seja, não se trata apenas de saber manusear as tecnologias digitais e sim compreendê-las da forma significativa, utilizando seus serviços de forma benéfica na vida em sociedade[19].

O conceito de letramento digital perpassa pelas tecnologias digitais e faz parte do letramento em si, que possibilita ao indivíduo a compreensão e a inserção nas mais variadas práticas sociais que utilizam a leitura e a escrita. O letramento digital inclui, dentre outros exemplos, a pesquisa e publicação na internet e a comunicação no decorrer das redes digitais. Portanto, é fundamental ter consciência da importância do debate desse assunto em sala de aula.

---

[19] Cf. SOARES, S.G. *Educação e comunicação* – O ideal de inclusão pelas tecnologias de informação: otimismo exacerbado e lucidez pedagógica. São Paulo: Cortez, 2006.

O filme e a história coletiva

Seleciona-se um filme interessante, dinâmico e que tenha relação com os conteúdos escolares, para ser exibido em sala de aula. Espera-se que o filme incite, nos alunos, questionamentos relativos à vida em sociedade. Para tanto é importante que, antes de realizar a atividade, que se faça uma enquete com os educandos sobre os filmes que eles já assistiram e qual o gênero que eles mais gostam. O filme deverá ser assistido até a metade, pois é a partir desse ponto que os alunos irão intervir mais efetivamente.

A partir daí, serão organizados dois momentos: o primeiro é a história coletiva. Trata-se de um momento em que todos os presentes participarão construindo uma história coletiva. Nesse caso, em círculo, um aluno começará a contar, da forma que imagina a história do filme, do ponto onde ela parou. Depois, ele passa a vez a outro aluno, que irá continuar a história do ponto onde o primeiro aluno parou, e assim continua um aluno após o outro, até todos terem dado a sua contribuição na história do filme.

O segundo momento trata da produção textual que os alunos realizarão. Essa produção textual deverá conter a memória da história coletiva, e, ao término da redação, os alunos poderão dar suas sugestões para o final do filme, como, por exemplo, o que eles achavam que poderia ter sido modificado.

A atividade propicia o desenvolvimento da oralidade e da escrita, exercita a criatividade dos alunos durante a formulação da história coletiva, estimula o respeito, a interação e a escuta para com o próximo. Além de ser uma atividade lúdica, desenvolve a atenção, a reflexão e a criticidade dos alunos para com os detalhes presentes na história, além de valorizar a memória visual.

É fundamental termos a consciência de que a postura crítica do aluno pode e deve ser desenvolvida no ambiente escolar, por meio da oralidade, da leitura e da escrita. Todos esses espaços são instrumentos socialmente transformadores, a partir do momento em que dão ênfase à liberdade de expressão, criatividade, reflexão, autonomia, dentre outros elementos que visam a emancipação do ser humano[20].

A intenção da educação é contribuir para a formação de indivíduos reflexivos, que saibam se posicionar, defender suas ideias e ter, conforme Cardoso e Ednir (1998) "livre trânsito no mundo da escrita: saibam usar as palavras certas nas ocasiões certas, dominem as regras de cada tipo de texto, encontrem prazer na relação com o texto, como elemento libertador do pensamento" (p. 51)[21].

---

[20] Cf. MURRIE, Z.F.; VIEIRA, A. & LOPES, H.V. *Universos da palavra*: da alfabetização à literatura. São Paulo: Iglu, 1995.

[21] CARDOSO, B. & EDNIR, M. *Ler e escrever, muito prazer!* São Paulo: Ática, 1998.

Quanto à produção textual, propõe-se aos alunos desafios intelectuais e atividades diversificadas que permeiem os diferentes tipos textuais, indo além das atividades cotidianas realizadas na escola. Para tanto, há que se ter em mente seus objetivos claros, prever as dificuldades, oferecer suporte ao aluno e ter os princípios norteadores da atividade, os quais irão estabelecer a continuidade produtiva da atividade, caso apareçam imprevistos[22].

---

[22] Ibid.

Literatura de cordel – poesia nossa, poesia dele: Patativa do Assaré

Inicia-se com uma explicação sobre a história, a origem da literatura de cordel, suas características e seus principais representantes, trazendo para a turma exemplares da literatura de cordel e xilogravuras.

Dentre os exemplares distribuídos aos alunos, sugere-se que seja analisado um cordel de Patativa do Assaré (indicamos e o reproduzimos abaixo), "O Burro", e discutida a sua importância e sua contribuição para a cultura nordestina. Pode-se explorar aspectos referentes aos detalhes ortográficos, palavras desconhecidas dos alunos, construção da xilogravura, contexto e simbolismo do cordel, noções de métrica e rimas, e nomes dados às estrofes de acordo com características específicas (ex.: quadra, sextilha, oitava, quadrão, décima, septilha, dentre outros).

O burro

Vai ele a trote, pelo chão da serra,
Com a vista espantada e penetrante,

E ninguém nota em seu marchar volante,
A estupidez que este animal encerra.
Muitas vezes, manhoso, ele se emperra,
Sem dar uma passada para diante,
Outras vezes, pinota, revoltante,
E sacode o seu dono sobre a terra.
Mas, contudo! Este bruto sem noção,
Que é capaz de fazer uma traição,
A quem quer que lhe venha na defesa,
É mais manso e tem mais inteligência
Do que o sábio que trata de ciência
E não crê no Senhor da natureza.
Patativa do Assaré.

Solicita-se e orienta-se que os alunos realizem, em grupo, seus cordéis, de acordo com os temas eleitos pela turma. Com os cordéis prontos os alunos, ainda em grupo, produzirão a sua xilogravura, que irá representar o cordel produzido por eles. Nesse caso, deve-se substituir a madeira (matéria-prima da xilogravura) por um pedaço de isopor, usando palitos de churrasco e tinta preta. De uma forma simples, o mediador irá realizar uma atividade de isogravura[23] (pois é realizada com isopor) e obterá um resultado se-

---

[23] Como fazer a isogravura: inicia-se desenhando com lápis o desenho no isopor; em seguida, com o palito, fura-se o isopor de forma bem marcada conforme o desenho, depois pinta-se o isopor com tinta preta, deixando os furos sem tinta, e põe-se a marca em um papel (como se fosse um carimbo). O resultado é bem interessante e semelhante à xilogravura.

melhante à xilogravura. Por fim, os alunos anexarão a isogravura ao cordel e irão ler suas produções, socializando-as com a turma.

A atividade busca a valorização da cultura nordestina, estimula a expressão, a oralidade, a criação, a coordenação motora, a sensibilidade e a criatividade. Trabalha o desenvolvimento da escrita de cordel, o que possibilita ao aluno a produção textual, nos diversos tipos de gêneros textuais, e o posicionamento crítico, político e social (características da literatura de cordel). Com as xilogravuras, a atividade faz referência ao imaginário e às tradições populares. A atividade é lúdica e dá ênfase à autonomia, principalmente no que tange à produção, pois requer do aluno observação, apreciação, reflexão e posicionamento crítico.

A literatura de cordel pode ser trabalhada em sala de aula e é advinda da memória popular, dos contos, das cantigas e das lendas. A arte é instrumento da expressão humana, dos problemas sociais e políticos, da história, das manifestações culturais e dos anseios humanos. Por isso é importante uma aprendizagem em arte, pois aproxima o educando das reflexões populares. Uma produção artística como o cordel expressa características sobre a cultura e a história de um povo – e o incentivo à produção, individual ou em grupo, aguça o senso crítico dos alunos. A atividade proposta deve ser capaz de desenvolver no educando o interesse, o respeito e a valorização pela produção dos colegas, bem como a expressão das ideias por meio da arte, o desenvolvimento da autoconfiança quanto às produções pessoais e da valorização da arte local/nacional[24].

Obs.: *Também recomendamos apresentar a biografia de Patativa, para que os alunos tenham contato com a realidade do autor e possam compreender melhor o contexto da obra. Tal explanação da biografia de Patativa do Assaré já servirá para contextualizar a próxima atividade.*

---

[24] Cf. Brasil. *Parâmetros Curriculares Nacionais*: arte. Brasília: MEC/SEF, 1997, p. 130.

Para pensar

É preciso, por outro lado, reinsistir em que não se pense que a prática educativa, vivida com afetividade e alegria, prescinda da formação científica séria e da clareza política dos educadores ou educadoras. A prática educativa é tudo isso: afetividade, alegria, capacidade científica, domínio técnico a servido da mudança ou, lamentavelmente, da permanência do hoje (FREIRE, P. *Pedagogia da autonomia* – Saberes necessários à prática educativa. São Paulo: Paz e Terra, 1996, p. 161 [Coleção Leitura].

Biografia e autobiografia: linhas de uma vida

Apresenta-se aos alunos uma breve biografia de Patativa do Assaré e suas obras mais importantes, com a finalidade de inspirá-los a escrever uma autobiografia e apreciar outras trajetórias de vida. Em seguida, para dar início à atividade, explica-se as principais características de uma biografia.

Orienta-se a cada aluno que a autobiografia é individual e original. Ela deve conter fotos dos familiares, a história do nascimento, a vivência familiar, os jogos e as comidas preferidas, dentre outras informações. É importante também que o aluno entreviste seus familiares, que faça pesquisas sobre os fatos importantes que ocorreram no ano em que ele nasceu; que tenha contato com seus documentos, tais como certidão de nascimento, carteira de identidade, CPF e carteira de trabalho dos pais, para que assim o aluno tenha mais subsídios para escrever sua autobiografia. Essa é uma atividade complexa e requer dos educandos pesquisas e produções em casa. Quando as autobiografias estiverem prontas, os alunos irão socializá-las para a turma, se for da vontade de todos.

A produção autobiográfica busca também a recuperação das memórias, a reflexão sobre a relação passado/presente. Além de valorizar a pesquisa, a atividade instiga o aluno a realizar entrevistas, dando ênfase à autonomia do educando diante das pesquisas realizadas. Para tanto, deve-se propor atividades objetivando a identificação e a superação das dificuldades de aprendizagem do aluno e dando espaço para que ele também possa exercer sua autonomia[25] (FREIRE, 1996).

A pesquisa e o contato com os documentos (certidão de nascimento, CPF, carteira de identidade, carteira de trabalho, dentre outros) tornam possível a interação do aluno com outras formas textuais e de comunicação importantes para a vida em sociedade. Segundo Cardoso e Ednir (1998)[26], é preciso que sejam apresentadas aos alunos várias situações relacionadas à sua realidade, pois, se eles tiverem mais acesso a informações variadas e a diferentes modelos de escrita e leitura, terão maiores possibilidades de desenvolver, de forma proveitosa, textos diferentes e adequados à especificidade do modelo e/ou ocasião. Enfim, a atividade visa imbuir de significado o conhecimento que será adquirido, despertando no aluno a busca da conscientização de si.

---

[25] FREIRE, P. *Pedagogia da Autonomia* – Saberes necessários à prática educativa. São Paulo: Paz e Terra, 1996 [Coleção Leitura].

[26] CARDOSO, B. & EDNIR, M. *Ler e escrever, muito prazer!* São Paulo: Ática, 1998.

Palavras em gestos e movimentos

Seleciona-se uma música regional que considera-se mais adequada à turma. Indicaremos a música *No ceará é assim*, interpretada por Fagner.

No Ceará é assim
Fagner
Composição: Carlos Barroso

Eu só queria
Que você fosse um dia
Ver as praias bonitas do meu Ceará
Tenho certeza
Que você gostaria
Dos mares bravios
Das praias de lá
Onde o coqueiro
Tem palma bem verde
Balançando ao vento
Pertinho do céu

E lá nasceu a virgem do poema
A linda Iracema dos lábios de mel
Oh! Quanta saudade
Que eu tenho de lá
Oh! Quanta saudade
A jangadinha vai no mar deslizando
O pescador o peixe vai pescando
O verde mar...
Que não tem fim
No Ceará é assim

Antes de colocar a música para tocar em classe é importante lembrar-se de distribuir para os alunos a sua letra para que eles a acompanhem.

Quando a música terminar, pode-se fazer questionamentos aos alunos, tais como: concordam com a música? O que mais gostam no Estado do Ceará? O que poderia ser acrescentado à letra? O que acham mais bonito no seu bairro? O que poderia ser melhorado na cidade?, dentre outros.

Após esse momento, seleciona-se um trecho da música e solicita-se aos alunos que leiam as palavras, de acordo com a sequência indicada. No entanto, não se trata de uma leitura comum; deve ser estimulado que cada aluno explore a oralidade, os gestos e expressões enquanto ele lê a palavra; como, por exemplo, no trecho:

Eu só queria
Que você fosse um dia
Ver as praias bonitas do meu Ceará
Tenho certeza
Que você gostaria
Dos mares bravios
Das praias de lá

O primeiro aluno irá ler a palavra "EU" de forma diferenciada. O segundo aluno lerá "SÓ" de forma diferenciada, o terceiro aluno lerá "QUERIA" de forma diferenciada, e assim por diante. É importante esclarecer aos alunos que eles escolherão apenas uma palavra para variar a expressão e lerão o restante do texto de forma normal.

Concluída a leitura do trecho, os alunos devem ser orientados a escreverem um comentário sobre o que eles acham de mais belo no Ceará, no seu bairro, na cidade ou mesmo em sua casa. Por fim, esses comentários poderão ser socializados com o restante da turma, se assim for do interesse dos educandos.

A atividade propõe a inserção dos alunos na produção musical regional, dando ênfase às características regionais. Além disso, desenvolve a interpretação textual e estimula a escrita.

É importante, para o desenvolvimento do aluno leitor e escritor, que ele tenha acesso a variadas obras de leitura de natureza diversificada, pois é a partir desse contato que as significações acerca da leitura e da escrita podem ocorrer. Esse processo é contínuo e deve ser trabalhado na escola, com vistas à emancipação do ser humano, ao letramento e ao desenvolvimento do aluno nas seguintes dimensões: afetiva, com o prazer ao fazer uma leitura; cognitiva, ao longo da interpretação do conteúdo que foi lido e a pragmática, durante a produção de um texto[27].

O exercício contribui para o desenvolvimento da expressão e da comunicação gestual e corporal, enfatizando com isto a importância da conscientização corporal e orientando suas vias de desenvolvimento e inserção na prática pedagógica. A conscientização corporal engloba as sensações, a dinâmica, a postura, o equilíbrio corporal e a tonicidade, elementos que, integrados à ação pedagógica, também contribuem para a oralidade, a escrita e a leitura dos educandos[28].

[27] Cf. MURRIE, Z.F.; VIEIRA, A. & LOPES, H.V. *Universos da palavra*: da alfabetização à literatura. São Paulo: Iglu, 1995.

[28] De acordo com CALAZANS, J.; CASTILHO, J. & GOMES, S. *Dança e educação em movimento*. São Paulo: Cortez, 2003.

Seminário temático: regiões do Brasil

Após explicar e oferecer aos alunos informações sobre as regiões do Brasil, divide-se a turma em grupos e organiza-se um seminário temático. Cada equipe ficará responsável por uma região brasileira e o seminário deverá conter temas que envolvam características das respectivas regiões, como costumes, comidas típicas, vestuário, contos tradicionais, danças, variedade(s) linguística(s) ou dialetal(is), músicas, manifestações artísticas, sotaques, gírias, dentre outros elementos.

Essa pesquisa deve ser orientada, assim como toda a preparação do seminário, para que os alunos percebam a importância do trabalho e para que as possíveis dúvidas, que apareçam no decorrer do trabalho, sejam solucionadas a tempo, antes da apresentação do trabalho. Estipula-se um tempo médio, que sirva de base para a preparação e organização do seminário.

Quando os trabalhos já estiverem prontos, dá-se início às apresentações, de acordo com o cronograma, marcado no início da atividade. Para o seminário, os alunos podem convidar pessoas que representem a região escolhida; podem usar a linguagem teatral, recitar poesias; também podem usar cartazes, dentre outras formas que permeiem a apresentação oral e escrita.

A atividade viabiliza o conhecimento dos alunos em relação às riquezas e às características nacionais, fontes incalculáveis de aprendizagem. Permite o trabalho com variados conceitos linguísticos e características regionais, explicitando-os aos alunos, em sala de aula.

O exercício possibilita a pesquisa histórica, cultural e social das regiões, desenvolve a produção textual, exercita a oralidade formal e explicativa (outra vertente diferente do uso coloquial a que os alunos estão acostumados no cotidiano), e mobiliza os educandos em direção ao aprendizado acerca da organização de um seminário, sua ordem sequencial etc.

Destaca-se, também, que a atividade proposta contribui para o desenvolvimento dos alunos, pois desenvolve o trabalho em grupo, estimula a cooperação, o olhar crítico e construtivo em relação aos trabalhos dos colegas, exercitando a diversificação do poder em sala de aula (que muitas vezes é restrito apenas ao professor, ou seja, transmite à turma a ideia de que eles também podem, assim como o professor, ensinar, construir, orientar e julgar conhecimentos)[29].

---

[29] Cf. CARDOSO, B. & EDNIR, M. *Ler e escrever, muito prazer!* São Paulo: Ática, 1998.

Diversidade cultural por meio da teatralização

Inicia-se a atividade com uma conversa, em forma de debate, sobre diversidade cultural, fazendo questionamentos que identifiquem o conhecimento prévio dos alunos sobre o assunto.

Em seguida, apresentam-se, aos educandos, modelos de textos teatrais, e organizam-se equipes que irão produzir textos de teatro, dando ênfase aos elementos que fazem parte de um texto teatral (enredo, diálogos, cenários etc.) e ao tema central (diversidade cultural). Com os grupos divididos, orienta-se, passo a passo, acerca dos vários aspectos do texto teatral, para que os alunos comecem a produção.

Quando os grupos terminarem a produção do texto, poderão socializar para o restante da turma, e todos juntos escolherão o texto teatral (podem ser incluídos os figurinos e os cenários) sobre diversidade cultural, para ser interpretado. Ao final, certamente o texto resultará em uma bela apresentação sobre diversidade cultural e a peça poderá ser apresentada nas outras turmas, esclarecendo e instruindo os demais estudantes da escola.

Uma educação que valorize o reconhecimento, a tolerância e o respeito às diferenças é fundamental para a integração e o desenvolvimento dos alunos, tanto na escola quanto na vida em sociedade. Essa educação poderá ser ofertada por meio de um currículo reflexivo e do próprio professor que teve uma formação adequada para abordar essas diferenças, ou que tem interesse em fazer a diferença em sala de aula[30]. Esse tema ainda pode, e deve, ser trabalhado interdisciplinarmente[31].

Segundo Libâneo (1998) reconhecer, atender e respeitar as diversidades culturais é característica da função que o educador adquire na contemporaneidade, pois sabe-se que as diferenças e fatores sociais interferem nos resultados escolares. Portanto, é de fundamental importância que se promova a igualdade de oportunidades de escolarização aos alunos, instruindo-os para a conscientização da diversidade cultural e do respeito ao próximo.

---

[30] Cf. PERRENOUD, P. *Dez novas competências para ensinar*. Porto Alegre: Artes Médicas Sul, 2000.

[31] A interdisciplinaridade é definida por Moraes (2005) como uma abordagem epistemológica que permite a transposição das fronteiras pertencentes às disciplinas e visa lidar com o currículo de forma integrada, ultrapassando a visão fragmentada do conhecimento. As disciplinas devem conservar sua especificidade e a proposta interdisciplinar diz respeito a um diálogo entre elas (MORAES, S.E. "Interdisciplinaridade e transversalidade mediante projetos temáticos". *Revista Brasileira de Estudos Pedagógicos*, vol. 86, mai.-dez./ 2005, p. 213-214. Brasília: Inep.

A atividade propicia também o desenvolvimento da escrita, no decorrer da produção textual, e oferece aos alunos o conhecimento de novos gêneros textuais – no caso em questão, o teatral. O texto teatral possui várias possibilidades de trabalho pedagógico, como o aprendizado e a utilização das estruturas que compõem o texto: introdução, apresentação, complicação, clímax e desfecho da peça; caracterização de espaços, personagens e situações; possui as rubricas (dizem o que acontece em cena), indicações cênicas (entre parênteses ficam as indicações de gestos e sentimentos), alinhamento das falas; noções de narração, diálogo, discurso direto, tempo delimitado, sequência linear, atos e cenas, dentre outros elementos que podem ser utilizados em sala de aula.

A oralidade dos alunos é desenvolvida por meio da leitura e da interpretação do texto cênico, que têm fundamental importância diante da necessidade que os alunos possuem de reconhecer a importância das entonações, pausas e recursos suprassegmentais para a formação do sentido do texto[32]. A possibilidade de mesclar a fala informal e formal, e ter os alunos como autores, também é uma característica do exercício.

---

[32] Cf. ANTUNES, I. *Aula de Português* – Encontro & interação. São Paulo: Parábola, 2003.

Dessa forma, a atividade visa a sensibilização dos alunos para com o tema, e isso ocorre por meio do teatro, que nos leva à conscientização não só dos valores que permeiam a sociedade, mas a conscientização de nós mesmos, de nossos corpos, de nossas capacidades comunicativas, do que somos e do que podemos ser. Favorecendo a aprendizagem significativa, motivando o educando a solucionar problemas reais, o texto teatral, é, pois, uma produção coletiva, que possibilita a integração entre a turma.

É importante ressaltar que: o teatro no Ensino Fundamental proporciona experiências que contribuem para o crescimento integrado da criança sob vários aspectos. No plano individual, o desenvolvimento de suas capacidades expressivas e artísticas. No plano coletivo, o teatro oferece, por ser uma atividade grupal, o exercício das relações de cooperação, diálogo, respeito mútuo, reflexão sobre como agir com os colegas, flexibilidade de aceitação das diferenças e da aquisição de sua autonomia como resultado do poder agir e pensar sem coerção (BRASIL. *Parâmetros Curriculares Nacionais*: arte. Brasília: MEC/SEF, 1997, p. 58).

Por fim, a partir da atividade, os estudantes devem começar a desenvolver um domínio do próprio corpo e ter a consciência da importância desse domínio, que se denomina conscientização corporal – noção fundamental para a aprendizagem, pois o corpo é, conforme Calazans; Castilho

& Gomes (2003), "instrumento de comunicação do homem no mundo. É por intermédio do corpo que recebemos e emitimos informações, de fora e de dentro de nós" (p. 48)[33].

---

[33] CALAZANS, J.; CASTILHO, J. & GOMES, S. *Dança e educação em movimento*. São Paulo: Cortez, 2003.

Exercitando o vocabulário

Mostra-se aos alunos um texto em que todas as palavras iniciem com a mesma letra. Como exemplo, indicamos:

Paulo Pedro Pereira Pinto, pequeno pintor português, pintava portas, paredes, portais. Porém, pediu para parar porque preferiu pintar panfletos. Partindo para Piracicaba, pintou prateleiras para poder progredir.

Posteriormente, partiu para Pirapora. Pernoitando, prosseguiu para Paranavaí, pois pretendia praticar pinturas para pessoas pobres.

Porém, pouco praticou, porque Padre Pedro pediu para pintar panelas, porém posteriormente pintou pratos para poder pagar promessas[34]...

Ou um trecho do texto *Mundo Moderno*, de Silvio Amarante, interpretado por Chico Anysio:

[...] *Milionários montam mansões magníficas: melhor mármore, mobília mirabolante, máxima megalomania, mordo-*

---

[34] Disponível em http://licoeslinguaportuguesa.blogspot.com/2009/10/brincando-com-lingua-portuguesa-iii.html#comments – Acesso em jul./2011.

mo, Mercedes, motorista, mãos... Mundo moderno, melhore.
Melhore mais, melhore muito, melhore mesmo. Merece-
mos...

Solicita-se aos alunos que, de acordo com os temas transversais – ética/saúde/meio ambiente/orientação sexual/pluralidade cultural/trabalho e consumo (que deverão ser sorteados entre as equipes) –, formem dois parágrafos, semelhantes aos exemplos, onde todas as palavras contenham a mesma inicial. A letra que iniciará o texto poderá ser escolhida pelos alunos e a atividade deverá ter um tempo delimitado de duração. Os alunos poderão recorrer a dicionários, gramáticas, revistas, e a outras fontes de pesquisa que contribuam para a aquisição de novos vocábulos. Ao final da atividade, os alunos poderão fazer ilustrações que representem as produções, e poderão socializá-las com o restante da turma.

A atividade valoriza a produção coletiva, reforça a fluência criativa, o raciocínio e o pensamento lógico. Quando desenvolvida em um ambiente acolhedor e reflexivo, torna-se um processo consciente e crítico, compreendendo a imaginação, a percepção e a ampliação do repertório vocabular dos alunos.

A atividade é dinâmica e desperta os alunos para as diferentes possibilidades de comunicação da língua escrita, pois requer pesquisa e prática de novos vocábulos. Ou seja, o aluno terá que pesquisar em diferentes fontes de informações (dicionários, revistas etc.) para adquirir um vocabulário suficiente para a formação do texto, que deve ser coerente. Pois, conforme Antunes (2003), é preciso que o aluno tenha contato com vários modelos de escrita e informações variadas para poder aumentar o seu repertório, ter conhecimento do objeto que utiliza e escrever bem[35].

A leitura diversificada e a pesquisa favorecem a ampliação dos repertórios de informação do leitor. É ainda no decorrer da leitura que se adquire o vocabulário específico de determinados gêneros textuais.

Finalmente, quanto à estrutura do texto, pode-se trabalhar a ausência de preposições, artigos, pronomes, e usar isso para ensinar os alunos a identificarem a função e a importância de cada um desses elementos dentro de um texto.

Para pensar

"Todo texto é uma máquina preguiçosa, pedindo ao leitor que faça uma parte de seu trabalho". Umberto Eco (1994) apud MURRIE, Z.F.; VIEIRA, A. & LOPES, H.V. *Universos da palavra*: da alfabetização à literatura. São Paulo: Iglu, 1995, p. 65.

---

[35] ANTUNES, I. *Aula de Português* – Encontro & interação. São Paulo: Parábola, 2003.

Acróstico temático

Inicia-se a atividade perguntando aos alunos o que eles entendem por acróstico. Em seguida, explica-se o seu conceito e as suas características, e coloca-se alguns modelos de acrósticos aos alunos. Em paralelo, esclarece-se que o acróstico pode ser composto por palavras, frases, poesias e textos. A seguir, exemplos:

P *essoas*
L *egais*
A *judam*
N *ossa*
E *terna*
T *erra*
A *viver*

(Fernanda Lopes, 12 anos, estudante da cidade de Fortaleza)[36].

---

[36] Nós agradecemos a participação da aluna Fernanda, que quis realizar a atividade coordenada por sua irmã, Gabriela Lopes.

M ais que a minha própria vida
A lém do que eu sonhei pra mim
R aio de luz
I nspiração
A mor você é assim

R ima dos versos que eu canto
I menso amor que eu falo tanto
T udo pra mim
A mo você assim

M eu coração
E ternamente
U m dia eu te entreguei

A mo você
M ais do que tudo eu sei
O sol
R aiou pra mim quando eu te encontrei

(Letra da música *Acróstico* (2003), canção composta e interpretada pelo cantor Roberto Carlos).

Os alunos deverão ser orientados, individualmente, a produzirem acrósticos de acordo com as imagens ou os temas sugeridos pelo docente ou por eles próprios. Para que as produções sejam diversificadas é importante que as temáticas não se repitam e que a todo o momento, durante a realização da atividade, esteja-se auxiliando e orientando os alunos, que poderão contar também com o apoio do dicionário.

Quando os acrósticos estiverem prontos, a professora os recolhe e os coloca em uma caixa, que irá circular por entre os alunos, para que todos tenham acesso aos acrósticos produzidos em aula. Em seguida, é interessante que os autores dos acrósticos leiam suas produções para a turma.

A atividade exercita a participação ativa dos alunos durante as pesquisas, a procura de vocábulos para enriquecer os acrósticos, realizadas nos dicionários e em outras fontes de pesquisa.

O exercício tem caráter lúdico e instiga a autonomia, a reflexão, a invenção e a reinvenção de ideias, desperta a curiosidade dos alunos e torna o ambiente favorável à aprendizagem significativa, que ocorre quando há a apropriação crítica do conhecimento pelos alunos.

O acróstico é mais um gênero textual que pode ser trabalhado em sala de aula, possibilitando aos alunos o aprimoramento de seus conhecimentos na escrita, na leitura e mesmo na oralidade, quando ao fim da produção textual eles exercem a leitura, que exige a impostação de voz e o posicionamento corporal perante os colegas.

Segundo Antunes (2003), antes da produção textual o aluno deve ter o tema delimitado, os objetivos elegidos, o gênero escolhido e as ideias ordenadas; depois, no momento da produção, o aluno deve escolher as palavras, pensar na estrutura das frases, produzir um texto coerente e com relevância, e depois revisar toda a produção, para corrigir eventuais erros[37]. Para isso, é importante ressaltar, deve-se estimular e acompanhar o educando durante toda a sua produção.

---

[37] ANTUNES, I. *Aula de Português* – Encontro & interação. São Paulo: Parábola, 2003.

Sobre as autoras

Ana Maria Iorio Dias

Professora associada da Faculdade de Educação (Faced), da Universidade Federal do Ceará (UFC), com doutorado em Educação Brasileira pela UFC e Pós-Doutorado em Educação pela Universidade de Brasília (UnB). Tem experiência na área de currículos específicos para níveis e tipos de educação, atuando principalmente nos seguintes temas: currículo; formação docente; ensino e aprendizagem; oralidade, leitura e escrita.

Fabiana Andrade de Oliveira

Graduanda em Pedagogia, pela Faculdade de Educação da Universidade Federal do Ceará (UFC). Foi bolsista de iniciação acadêmica da coordenação de Letras da UFC. É professora efetiva da rede particular de ensino de Fortaleza, com atuação nos anos iniciais do Ensino Fundamental. Também é bolsista do Programa de Bolsas de Iniciação à Docência (Pibid/UFC) em uma escola municipal de ensino em Fortaleza, na área de letramento e alfabetização.

Francisca Rosangela Alves de Souza

É estudante do curso de Pedagogia, na UFC. Foi bolsista do CNPq na área de Historiografia e História da Educação no Ceará. Estuda e pesquisa os costumes e a cultura do povo nordestino por meio dos ditos populares. Tem experiência na área de educação e pesquisa acadêmica.

Gabriela Lopes de Sousa

Graduanda em Pedagogia pela UFC. Foi bolsista de iniciação científica pelo Conselho Nacional de Desenvolvimento Científico e Tecnológico (CNPq), atuando principalmente nos temas: currículo e formação docente. Tem experiência na área de educação, com ênfase em Educação Infantil e arte-educação.

Jozie Mikaelle Santos Freitas

Graduanda em Pedagogia pela UFC. É professora efetiva da rede particular de ensino, com atuação na Educação Infantil e nos anos iniciais do Ensino Fundamental. Foi bolsista do Projeto de Extensão sobre Atendimento Educacional Especializado para Estudantes do Ensino Médio da rede pública e demais instituições de Ensino Superior de Fortaleza.

Maria Leidiane Moraes Costa

Graduada em Gestão de Recursos Humanos pela Universidade Estadual Vale do Acaraú (UVA). Graduanda em Pedagogia pela UFC. Foi bolsista de iniciação acadêmica do Instituto de Cultura e Arte (ICA). Foi monitora do Programa Mais Educação no macrocampo de Letramento e Teatro por

2 anos. É integrante do Grupo de Pesquisa em Cultura Folclórica do Instituto Federal de Educação, Ciência e Tecnologia do Ceará (IFCE), com experiência de mais de três anos em danças populares no Grupo Mira Ira, atuando como dançarina e brincante.

Samara Gomes Ramos

Graduanda em Pedagogia pela UFC. Foi bolsista do Programa de Bolsas de Iniciação à Docência (Pibid/UFC), em escola municipal de ensino de Fortaleza, na área de letramento e alfabetização. Também foi bolsista do Programa de Bolsas de Iniciação à Pesquisa, com o trabalho sobre a mediação como suporte para leitura e escrita de crianças com Deficiência Intelectual. Atualmente é bolsista do Projeto de Extensão da UFC, na área de atendimento educacional especializado (AEE).

Índice

Sumário, 5

Apresentação, 7

Capítulo 1 À imagem e semelhança das histórias de Trancoso...
– Aprendendo mais com a nossa cultura, 13

    A botija, 18

    A festa, 23

    A missa, 25

    A mulher que casou com o homem que virava bicho, 29

    João e o quebra dedo, 35

    O caixeiro-viajante, 37

    O homem que carregava o fardo, 41

    O medo, 47

    O susto de Tadeu, 49

    Seu Florêncio, 53

Capítulo 2 Atividades propostas – Pelas trilhas da Língua
Portuguesa, 57

    Nível 1, 59

        Reconto, 61

        Caça ao tesouro de palavras, 63

        Utilização de imagens: trabalhando valores, 65

Dominó, 67

Dramatização a partir de uma história, 69

Roda de conversa: trabalhando o ECA na sala de aula, 71

Rótulos, 73

Varal de letras, 75

Histórias para o livro do ABC, 76

Bilhete, 77

Nível 2, 79

Ordem alfabética da turma, 81

As pistas da palavra, 83

O tato e a palavra, 85

Telefone sem fio, 87

Receita / Forca / Amarelinha, 89

Correio web digital, 91

Convite, 92

Amigos de Jó, 93

Cantigas de roda, 95

Contação de história, 97

Nível 3, 99

Livro de lendas, 101

Campeonato de trava-línguas, 104

Trabalhando com histórias em quadrinhos, 107

O poema em sala de aula, 109

Trabalhando com rimas, 111

Hino Nacional em sala de aula, 114

Fábulas, 116

Produzindo cartaz, 118

Convite, 121

Classificados de um jornal, 123

Nível 4, 127

Trabalhando com tirinhas e histórias em quadrinhos, 129

"Teia de ideias" com o uso de vídeos que abordem temáticas atuais, 131

O uso de notícias de jornal, 133

Produzindo paródias musicais, 135

Propaganda da invenção, 137

"Júri simulado": promovendo debates, 139

Outdoor, 140

Peça teatral, 141

Produção de texto a partir de palavras-chave, 143

Produção de dicionário de variações linguísticas, 144

Nível 5, 147

Fanzine: um instrumento de reflexão, 149

Debate: desenvolvendo argumentos sobre a internet, 152

O filme e a história coletiva, 156

Literatura de cordel – poesia nossa, poesia dele: Patativa do Assaré, 159

Biografia e autobiografia: linhas de uma vida, 164

Palavras em gestos e movimentos, 166

Seminário temático: regiões do Brasil, 170

Diversidade cultural por meio da teatralização, 173

Exercitando o vocabulário, 178

Acróstico temático, 181

Sobre as autoras, 185

EDITORIAL

CULTURAL
- Administração
- Antropologia
- Biografias
- Comunicação
- Dinâmicas e Jogos
- Ecologia e Meio Ambiente
- Educação e Pedagogia
- Filosofia
- História
- Letras e Literatura
- Obras de referência
- Política
- Psicologia
- Saúde e Nutrição
- Serviço Social e Trabalho
- Sociologia

CATEQUÉTICO PASTORAL
Catequese
- Geral
- Crisma
- Primeira Eucaristia

Pastoral
- Geral
- Sacramental
- Familiar
- Social
- Ensino Religioso Escolar

TEOLÓGICO ESPIRITUAL
- Biografias
- Devocionários
- Espiritualidade e Mística
- Espiritualidade Mariana
- Franciscanismo
- Autoconhecimento
- Liturgia
- Obras de referência
- Sagrada Escritura e Livros Apócrifos

Teologia
- Bíblica
- Histórica
- Prática
- Sistemática

REVISTAS
- Concilium
- Estudos Bíblicos
- Grande Sinal
- REB (Revista Eclesiástica Brasileira)
- SEDOC (Serviço de Documentação)

VOZES NOBILIS
Uma linha editorial especial, com importantes autores, alto valor agregado e qualidade superior.

VOZES DE BOLSO
Obras clássicas de Ciências Humanas em formato de bolso.

PRODUTOS SAZONAIS
- Folhinha do Sagrado Coração de Jesus
- Calendário de Mesa do Sagrado Coração de Jesus
- Agenda do Sagrado Coração de Jesus
- Almanaque Santo Antônio
- Agendinha
- Diário Vozes
- Meditações para o dia a dia
- Guia Litúrgico

CADASTRE-SE
www.vozes.com.br

EDITORA VOZES LTDA.
Rua Frei Luís, 100 – Centro – Cep 25689-900 – Petrópolis, RJ – Tel.: (24) 2233-9000 – Fax: (24) 2231-4676
E-mail: vendas@vozes.com.br

UNIDADES NO BRASIL: Aparecida, SP – Belo Horizonte, MG – Boa Vista, RR – Brasília, DF – Campinas, SP
Campos dos Goytacazes, RJ – Cuiabá, MT – Curitiba, PR – Florianópolis, SC – Fortaleza, CE – Goiânia, GO
Juiz de Fora, MG – Londrina, PR – Manaus, AM – Natal, RN – Petrópolis, RJ – Porto Alegre, RS – Recife, PE
Rio de Janeiro, RJ – Salvador, BA – São Luís, MA – São Paulo, SP
UNIDADE NO EXTERIOR: Lisboa – Portugal